Start Guide and
Competition Skills of Basketball

篮球

入门与实战技巧

中映良品 编著

成都时代出版社

良好的个人突破技术
准确无误的投篮技术
巧妙的带球过人技术
护球、传接球、防守、抢篮板球、移动

# 序言

　　篮球运动是一种极具观赏性的体育项目，贾巴尔的梦幻天勾、乔丹的后仰跳投、科比的飞身扣篮、艾弗森的闪电突破……无不让万千篮球迷热血沸腾、叹为观止。

　　精湛的个人技术对于篮球比赛有着举足轻重的作用。冲破坚固的防守需要良好的个人突破技术，抓住转瞬即逝的最佳进攻机会更是需要巧妙的带球过人技术及准确无误的投篮技术。其他必备的护球、传接球、防守、抢篮板球、移动等技术也直接或间接地关系到一支球队的成败。在瞬息万变的篮球比赛场上，队员需要应付一名或多名阻截自己的对手，因此，只有熟练掌握篮球的基本技术，才能轻松自如地处理各种情况。

　　"无兄弟，不篮球"是对篮球队员协同作战最好的诠释。团队精神是篮球之魂，就算是"飞人"乔丹，也离不开皮蓬的助攻。在赛场上，形势千变万化，有时需要队员进行个人突破，有时需要局部配合，有时需要全队协同作战。只有将个人技巧寓于集体协同作战当中，队员们密切配合，才能取得最终的胜利。

　　在实战练习和比赛中，如何把动作变为技术（学打篮球），把技术变为技能（能打篮球），把技能变为技巧（会打篮球），最终升华到把技巧变为技艺的巅峰（随心所欲地运用篮球技术），这个学习 — 实践 — 再学习 — 再实践的过程，是形成完美篮球技术的必经之路。

　　本书以浅显易懂的文字、细致入微的连续动作图片、详尽的动作转换过程示意图标，全面解析每一个技术细节、要点。配以世界顶级球队所采用的最科学有效的训练方法，让你边学边练，学练结合，熟练掌握篮球运动各项技能。

　　本书还结合NBA全明星赛的超级战术理念，拆解NBA联盟超级巨星的"撒手锏"，分析当今世界最流行、最具代表性的实用阵形，以及各种阵形在实战中的灵活运用。学以致用，就可使你的球队成为真正的梦幻组合！

　　现在，就让我们一起进入激情四射的篮球世界，感受篮球运动的无限魅力吧！

# PART 4

## 所向披靡之实战技术篇 *Undefeatable Competition Tactics*

# PART 5

## 超级巨星教你打篮球 *The Unique Skills of the Basketball Super Stars*

## 附录: *Appendix*

# The Passionate Sports—Basketball

The Passionate Sports—Basketball

篮球运动是一种极具观赏性的体育项目。在赛场上，不可思议的投篮命中、令人陶醉的绝杀、具有强烈视觉冲击力的扣篮……都让人为之深深着迷。后卫的组织能力、中锋的统治力、球员之间的配合度、教练的战术布置能力，都值得细细品味。

# PART 1
## 激情四射的篮球运动

# Team Mates
## 一、无兄弟，不篮球

篮球是什么？多数人的答案是"一项运动"。而在美国人眼中，篮球不仅是一项运动，还是一种重要的文化。随着 NBA 在世界范围内受到广泛关注，美国的篮球文化逐渐影响世界。

1891 年，美国人詹姆斯·奈史密斯发明了篮球运动，他被后人誉为"篮球之父"。当时，奈史密斯任教于美国马萨诸塞州斯普林菲尔德基督教青年会国际训练学校，这所学校的体育系主任卢瑟·古利克教授为贯彻冬季体育课教学大纲，委托奈史密斯设计一项室内集体游戏。奈史密斯看到当地盛产桃子，各家各户都备有桃筐，孩子们非常喜欢玩用球投桃筐的游戏，于是，从中得到启发，创编了篮球游戏。

奈史密斯把两个桃筐钉在室内运动房两端看台离地面 3 米多高的地方作为球篮，用铁丝网作为挡板，并用足球作为比赛用球。投球入篮得 1 分，按得分多少决定胜负。每次投球进篮后，要爬梯子将球取出再重新开始比赛。当时人们称这种游戏为"奈史密斯球"或"筐球"。

　　历经百余年的发展，篮球运动现已成为世界十大球类运动之一，运动员与爱好者数以亿计。而以 NBA 为代表的美国篮球风靡全球。在世界各地，只要有篮球场的地方，就一定有篮球爱好者。在那些没有篮球场的地方，只要能收看 NBA 比赛，也一定会有篮球爱好者。

　　"无兄弟，不篮球"是一句深得球迷认同的广告语，它向人们传达着一个道理：篮球是一项需要团队协作的运动，个人必须融入团队才能赢得比赛。英雄的表演可以赢得球迷的喝彩，赢得超高的人气，但如果缺乏队友的支持，球队是无法赢得比赛的。对篮球运动员而言，"最有价值球员奖"意义重大。在 NBA，"最有价值球员奖"被用来授予常规赛最佳球队里的最好球员。获得这一奖项的要求包括率领球队取得好成绩、身为球队的核心作用要立竿见影、能够使队友变得更好。这无疑是对团队精神的又一注解。

　　一项人人都可以参与的运动，一项明星荟萃的运动，一项需要团队精神的运动，这就是篮球运动的魅力所在。

# The Legendary Air Jordan
## 二、不可复制的"空中飞人"

篮球不仅是经验、体能、智慧与实力的抗衡，更是勇气、机变能力、韧性、承受力、进取心的抗衡，同时它还是传递青春活力和张扬自我的载体。篮球的魅力无论是在赛场上还是在观众席中都存在，无论球员还是球迷都能感受得到。正因如此，篮球已经成为世界上最普及、最受人们喜爱的运动之一。

提起现代篮球运动的魅力，人们都会想起一个名字——迈克尔·乔丹。在乔丹的职业生涯里，他创造了不胜枚举的纪录，被多数人认为是世界上最棒的篮球运动员，也是 NBA 历史上第一位拥有"世纪运动员"称号的巨星。他以精湛绝伦的球技，把篮球所需要的速度、力量、灵敏、准确、多变和智慧融为一体，使篮球运动成为一种精神图腾，将 NBA 推广至全球，使其成为除好莱坞外又一无可阻挡的美国文化。

乔丹在全球的影响力到底有多大？这个问题很难回答，只能这样说，全球每一个角落都有他的球迷。许多世人皆知的大明星都把乔丹当作自己的偶像。这样的名字可以列一长串：马拉多纳、齐达内、巴乔、费德勒、伍兹、布兰妮、刘翔……就算对篮球运动不太熟悉的人，听到乔丹的名字，也会说："他是穿着 23 号球衣的上帝。"

如今 NBA 的球员，大多数都是看着乔丹的比赛踏入 NBA 的，他们几乎都是他的球迷。特雷西·麦克格雷迪在写给乔丹的信中说："我一直没有机会告诉你，你在我们年轻球员心目中的分量，对于我们来说，你依旧意味着一切，依旧！"

NBA 是篮球运动员的梦工厂，向来不乏巨星。在乔丹之前，"篮球皇帝"张伯伦、"盖帽专家"拉塞尔、"魔术师"约翰逊、"大鸟"拉里·伯德等，在美国都是家喻户晓的人物。乔丹退役后，新生代篮球运动员科比、詹姆斯、韦德等人也都是红遍全球的巨星。但若论在全球的深远影响力，迈克尔·乔丹仍是篮球界当之无愧的第一人。

# The Cheering Squad on the NBA Court
## 三、亮丽的风景线：NBA 美女啦啦队

　　在美国，喜欢篮球的女孩都有两个梦想：第一，成为 WNBA（美国女子职业篮球赛）或者奥运会篮球冠军；第二，成为自己所钟爱球队的啦啦队队长。NBA 啦啦队队员是一份让美国女孩羡慕的工作，不仅因为可以近距离免费观看 NBA 比赛，更重要的是她们能以最美的姿态在自己的主场享受全场数以万计球迷的欢呼，风头丝毫不亚于场上巨星。

　　如果你以为只要年轻漂亮，就可以在 NBA 啦啦队中获得一席之地，那可就大错特错了。以纽约尼克斯队的"城市舞蹈团"为例，入选的美女大多是在校大学生，也有一些专业舞蹈演员或模特。每年赛季开始前几个月，俱乐部就开始物色人选进行培训，从相貌、身材、舞蹈素养、艺术表现等方面考察学员，直到赛季前才会确定正式阵容。NBA 美女啦啦队也不仅仅只表演热辣的舞蹈，她们的表演中还加入了腾跃、托举队员、抛接队员等惊险刺激的元素。

　　啦啦队的表演除了具有让观众大饱眼福、烘托现场气氛的魔力外，还有一些非常实际的功效。譬如，教练可以借此机会布置战术，球员可以获得喘息机会，而负责转播赛事的电视台也可以插播广告……啦啦队不仅是篮球赛场上一道亮丽的风景线，更是美国篮球文化中密不可分的一部分。

# Basic Knowledge of Basketball

Basic Knowledge Of Basketball

进行篮球运动之前，了解相关的基础知识是十分必要的。篮球场不同区域如何划分？如何选购运动装备？赛场上的球员如何分工？篮球竞赛规则有哪些……本章将为你一一解答。

PART 2
★★★★★★★
基础知识
一点通

# 一、场地与篮球

## Specification篮球场的规格

◆篮球场是一个长方形的坚实平面，无障碍物，长28米、宽15米。

◆球场界线距观众、广告牌或任何其他障碍物至少2米。球场长边的界线叫"边线"，短边的界线叫"端线"。

◆3分线是以篮筐在地板上的中心点为原点，以6.75米为半径画圆，与端线相交后形成的圆弧线。

◆禁区，又称为"3秒区"，形状为长方形，长5.8米、宽4.9米。

◆合理冲撞区是以篮筐在地板上的中心点为圆点，以1.25米为半径的一个半圆区域。

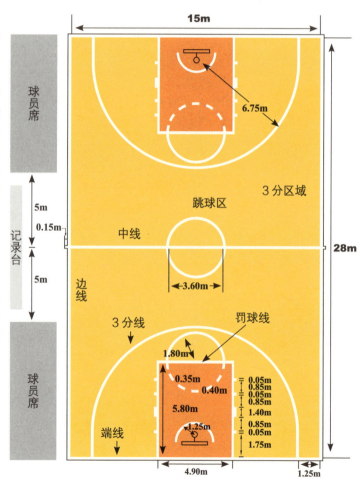

# **B**asketball篮球

篮球是篮球运动最基本的道具，越好的球，拍起来越顺手，打起来越流畅。

## ◎ 篮球的结构

**◆内胆：** 又叫"球胆"，位于篮球的最里层，由黑色橡胶制成，是篮球的"心脏"。中高档的篮球会在球的内胆表面均匀地缠绕一层篮球专用尼龙丝，对球胆形成像蚕茧一样的保护层；低档篮球用纱布代替尼龙丝。

**◆中胆：** 由橡胶制成，是内胆和表皮之间的支撑结构。

**◆表皮：** 分为橡胶、合成皮（超细强力纤维、PU、PVC 等），以及真皮三大类。

**◆球嘴：** 篮球充气的"咽喉"，直接影响篮球的气密性。

## ◎ 标准的篮球

**◆** 重量约为 600 克（不少于 567 克，不大于 650 克）。

**◆** 球的圆周约为 76 厘米（不小于 74.9 厘米，不大于 78 厘米）。

**◆篮板：** 篮板一般是由树脂玻璃做成的，是为了不阻挡在篮板后面的观众的视线。

1.80m

1.20m 或 1.05m

3.04m

**◆篮筐：** 固定在支撑篮板的结构架上，使任何施加在篮筐上的力都不会传递到篮板上。

**◆篮网：** 这个网能使球落下的时候减慢速度，有助于人观察球通过篮筐时的情况。

**◆起保护作用的垫塞：** 安装在篮板的下面，能保护球员不受伤。

　　随着篮球运动的蓬勃开展，相关的篮球产业也迅速发展，篮球装备更是五花八门。篮球装备为何那么受人欢迎呢？因为它们足够吸引人的眼球，提升自我魅力，更因为 NBA 的巨星效应，所以耐克、阿迪达斯等著名品牌的球衣、球鞋热销全球，以炫酷的造型傲然登场。

## ◎ 头部的装备

　　发带比较实用，因为它具有吸汗的功能。它比较适合头圆和头发短的人佩戴，最好是寸头，那样戴上后对原来的发型没有任何影响。如果脑门较宽，可以选用宽发带，那样看起来更帅气。

## ◎ 手部的装备

　　护腕与护指可以有效地保护手腕和手指不受伤害，平时戴上它们也可以展现青春活力的一面。

　　自从硅胶手环诞生以来，就得到许多人的青睐，赤橙黄绿青蓝紫各种颜色的手环上印着各种英文单词，时尚又酷炫。手环的用处在于手勾球时增加摩擦力，用腕部拉住球可以做许多花哨的动作，相当酷！

## ◎ 身上的装备

　　大大的 T-shirt，袖子长度到小臂就可以了，颜色不限，只要自己喜欢就行。过膝的大短裤相信大家都不陌生，NBA 的球星们已给我们做了示范。肥大的短裤打球时并不影响任何动作，也不会让人感到累赘。

## ◎ 脚上的装备

　　球鞋是篮球装备中最重要的部分，可以这样说，一个球员可以没有自己喜爱的球服，但是不能没有一双舒适合脚的球鞋！没有好球鞋的球员，就像缺了一只手一样，攻击能力、防守能力，以及各方面能力都将大打折扣！篮球鞋在平时生活中也可以穿。

　　球鞋分得很细，分为中锋、后卫、前锋专用鞋，在这个基础上还分内场鞋和外场鞋，假如一个后卫穿一双内场鞋去打外场，虽然摩擦力很大很好使，但鞋底磨得相当快，过不了多久鞋底就磨得差不多了。因为内场鞋的鞋底比较软，橡胶摩擦力大，穿几次就磨平了。相反你穿一双外场鞋去打内场，摩擦力如果不够的话，就会打滑摔跟头，因此内外场的球鞋要分清楚，推荐大家买一双中性球鞋，耐磨，好使！

　　球鞋中的技术还很多，如 zoom、air、airmax、airsole……高帮球鞋保护性能强，低帮球鞋起动快。内场适用 zoom 这样的比较软技术的球鞋，外场用 air、airmax、airsole 这类球鞋相对耐磨些。其中 airmax 性能比较中性化，适合内外场都打的朋友使用。

　　球袜一般应当穿棉质袜，因为它与鞋的结合性比较强，脚感好。最好是厚底绒毛状的袜子（具有保暖和缓冲效果）。脚脖子的松紧带不要系得太紧。

"詹姆斯一代"篮球鞋的缓震配备了前掌 zoom，后掌 air sole 的科技，中底搭载有碳纤维板。

前掌双气室 zoom 搭配后掌 Cage zoom 的"詹姆斯二代"篮球鞋堪称经典。

## ◎ 其他护具

**护脸**——保护脸，汉密尔顿常戴
**护腿**——保护小腿和大腿
**护肘**——保护胳膊肘
**护膝**——保护膝盖
**护臂**——保护胳膊、手臂，大小臂都有，艾弗森常戴

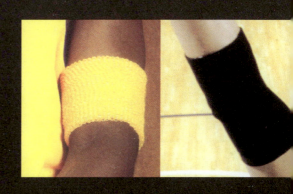

# Basic Rules 1 基本规则一

## ◎ 比赛方法

篮球比赛一队队员是 5 人，其中 1 人为队长，候补球员最多 7 人，但可依主办单位而增加人数。

比赛分 4 节进行，国际比赛每节各 10 分钟，NBA 比赛规定每节时间为 12 分钟（全明星新秀赛每节为 20 分钟，共 2 节）。国际比赛每节之间休息 5 分钟，NBA 每节休息时间为 130 秒。国际比赛中场休息 10 分钟，NBA 为 15 分钟。另外 NBA 规定在第 4 节和任何加时赛之间休息时间为 100 秒。在上半场，每队可暂停 2 次；下半场每队可暂停 3 次。

比赛结束两队积分相同时，则举行延长赛 5 分钟，若 5 分钟后比分仍相同，则再次进行 5 分钟延长赛，直至比出胜负为止。每一场加时赛的任何时间内，每队可有 1 次暂停。

## ◎ 得分种类

球投进篮筐经裁判认可后，便算得分。

在 3 分线内侧投入可得 2 分；3 分线外侧投入可得 3 分，不管是脚跟还是脚尖踩到 3 分线进的球均视为 2 分球；罚球投进得 1 分。

## ◎ 进行方式

比赛开始由两队各推出一名跳球员至中央跳球区，由主审裁判抛球双方跳球，开始比赛。

## ◎ 选手替换

每次替换选手要在 20 秒内完成，替换次数则不限定。交换选手的时间选在有人犯规、争球、叫暂停等时刻。裁判可暂时中止球赛的计时。

## ◎ 罚球

罚球是在任何球员都不能阻挡、防守的情况下投篮，是作为对犯规队伍的处罚，给予另一队的得分机会。罚球要站在罚球线后，从裁判手中接过球后 5 秒内完成投篮。从投篮后至球触到篮筐前，均不能踩越罚球线。罚球人员球未出手，其他球员不得冲进禁区拼抢篮板球。

## ◎ 违例

**普通违例：** 包括带球走步、非法运球、拳击球或脚踢球等。

**带球走步：** 当持活球的队员用同一脚向任何方向踏出一次或多次，其另一脚（称为"中枢脚"）不得离开与地面的接触点，如果中枢脚离开了这个接触点，即为带球走步违例。

**非法运球：** 队员在运球后，用双手同时触及球，或允许球在一手或双手中停留时，运球即完毕。运球结束后，除非失去控球权后又重新控制球，否则不得再次运球，如果再次运球，则为非法运球违例。

**拳击球或脚踢球：** 比赛中队员不得故意用拳击球或用腿的任何部分去阻挡球，否则将判违例。如果球偶然地接触到腿的任何部分，或腿的任何部分无意碰到球，不算违例。

**跳球违例：** 除了跳球球员，其他人不可在跳球者触到球之前进入中央跳球区。

# Basic Rules 2 基本规则二

## ◎ 24 秒钟规则

进攻球队在场上控球时必须在 24 秒钟内投篮出手，且球必须触及篮筐或进入球篮。

当比赛被中断时，如果 24 秒计时器上的剩余时间多于 14 秒（包括 14 秒），那么计时器上的时间将不做调整；反之，如果剩余时间少于 13 秒（包括 13 秒），那么计时器上的时间将会被调整到 14 秒。

## ◎ 8 秒钟规则

球队从后场控制球开始，必须在 8 秒钟内使球进入前场（对方的半场）。

## ◎ 5 秒钟规则

进攻球员必须在 5 秒钟之内掷出界外球；或在被严密防守时，必须在 5 秒钟之内传、投或运球；当裁判员将球递给罚球队员时，该队员必须在 5 秒钟内出手。

## ◎ 3 秒钟规则

**进攻 3 秒：** 进攻方球员不得滞留于禁区 3 秒以上。

**防守 3 秒：** 当某防守方球员对应的进攻方球员不在禁区或者在禁区边缘且彻底摆脱防守球员时，防守方球员不得在禁区滞留 3 秒以上。

## ◎ 侵人犯规

与对方发生身体接触而产生的犯规行为。

①如果对未做投篮动作的队员犯规，由对方在靠近犯规地点的界外掷球入界，重新开始比赛。

②如果犯规队处于全队犯规处罚状态，则应判给未做投篮动作的队员 2 次罚球，代替掷球入界。

③对正在做投篮动作的队员犯规，如果投篮成功，应计得分并判给 1 次追加罚球；如果投篮未中，则要根据投篮的地点，判给 2 次或 3 次罚球。

## ◎ 技术犯规

　　技术犯规属于非接触犯规，如不顾裁判员警告；没有礼貌地触犯裁判员、技术代表、记录台人员或球队席人员；使用冒犯或煽动观众的语言和举止；戏弄对方队员或在对方队员的眼睛附近摇手妨碍其视觉；在球穿过球篮后，故意触及球以延误比赛；阻碍迅速地执行掷球入界以延误比赛；假摔以骗取犯规判罚等。

## ◎ 取消比赛资格的犯规

　　球员做出不体现运动员精神的犯规动作，比如打人或者严重犯规，发生此类情况后，球员应立即被罚出场外。

## ◎ 队员 5 次犯规

　　无论是侵人犯规，还是技术犯规，每名球员各有 4 次被允许犯规的机会，被判犯规第 5次后需自动退场（NBA 规定球员个人 6 次犯规才退场），且不能在同一场比赛中再度上场。

## ◎ 队员出界

　　球员带球或球本身触及界线或界线以外区域，即属球出界。在球触线或线外区域之前，球在空中不算出界。

## ◎ 干扰球

①投篮的球向篮下落时，双方队员都不得触球。
②当球在球篮里的时候，防守队员不得触球。
③球碰板后对方不得碰球，直到球下落。
如若出现以上情况的触球，即视为干扰球，对方球员进球有效。

## ◎ 被紧密盯防的选手

　　国际比赛规定被防守队员紧密盯防的球员必须在 5 秒钟之内传球、运球或投篮，否则其队将失去控球权，但 NBA 比赛规则中无此规定。

## ◎ 球回后场

　　球队如果已经将球从后场移至前场，该球队球员便不能再将球移过中线运回后场，否则判球权丢失，球归对方。

# The Duties of the Players
# 四、球员分工

# **P**oint Guard 控球后卫

控球后卫又叫"组织后卫",是篮球比赛阵容中的一个固定角色。

控球后卫往往是全队进攻的组织者,并通过对球的控制来决定在恰当的时间传球给适合的球员,是球场上拿球机会最多的人。他要把球从后场安全地带到前场,再把球传给其他队友,这才有让其他人得分的机会。

传统的控球后卫必须要能够在只有一个人防守他的情况下,顺利地将球带过半场。然后,他还要有很好的传球能力,能够在大多数的时间里,将球传到球应该到的地方:有时候是一个可以投篮的空当,有时候是一个更好的导球位置。现代篮球攻防节奏加快,对控球后卫的得分能力要求更高,具备良好的投篮与突破能力,在球场上才能发挥更大的作用。

**球员代表:** "魔术师"约翰逊、斯托克顿、库西、奥斯卡·罗伯特森、基德、纳什、德隆、比卢普斯、保罗、史蒂芬·库里、詹姆斯·哈登

# **S**hooting Guard 得分后卫

得分后卫在场上是以得分为主要任务的球员。

一个得分后卫经常要做两件事:第一是要有很好的持球单打能力,或是作为一个极稳定的接球跳投手;第二则是要在小小的缝隙中找出空当来投外线,所以他出手的速度要快。一个好的得分后卫总不能期望每次都有这么好的空当,他应能在很短的时间内找机会出手,并且命中率也要相当高,只有这样,才能让敌方的防守有所顾忌,从而拉开防守圈,更利于队友在禁区内的攻势发挥。

**球员代表:** 乔治·格文、杰里·韦斯特、乔丹、雷吉·米勒、科比、麦迪、韦德、罗伊

# **S**mall Forward 小前锋

    小前锋是球队中最重要的得分者之一。通常小前锋的身高和体型都低于中锋和大前锋，但是又高于得分后卫与组织后卫。所谓的小前锋，最根本的要求就是要能得分，而且是较远距离的得分。小前锋一接到球，第一个想到的就是要如何把球投进篮筐。他可能会抓篮板，可能很会传球，可能弹性很好，可能防守极佳。小前锋的基本工作，就是得分、得分、再得分。一个全能的小前锋在一支球队中将会发挥无可比拟的作用。 在进攻中，小前锋能够在力量对抗和投篮得分中取得平衡，在防守的时候，小前锋通常负责抢断和篮板球。许多小前锋球员都可以兼任得分后卫，能够同时打这两个位置的球员通常被称为"锋卫摇摆人"（swingman 或者 wing）。

**球员代表：** 朱利叶斯·欧文、斯科蒂·皮蓬、拉里·伯德、多米尼克·威尔金斯、皮尔斯、詹姆斯、安东尼、科怀·伦纳德、保罗·乔治等


# **P**ower Forward 大前锋

    一个典型的大前锋是球场上体格较壮且具备一定速度的球员。传统上，大前锋要利用他们壮硕的体型，在篮下积极强攻并争夺进攻篮板球；而禁区防守和防守篮板球，则被认为是中锋的主要任务。但在现今的篮球趋势中，由于中锋球员的灵活度，以及前锋球员的高度均有普遍提升，两者之间的区别日益模糊。

    现今世界篮坛的一般水平，大前锋通常身高为 2.01 米 ~ 2.13 米，体重为 104 千克 ~ 118 千克（230 磅 ~ 260 磅）。然而，在同时有两名具备中锋高度的选手上场的"双塔"阵容中，或者在一些缺乏高个儿球员的队伍中，大前锋担当中锋角色的情形，均甚常见。

**球员代表：** 卡尔·马龙、霍勒斯·格兰特、凯文·麦克海尔、克里斯·韦伯、邓肯、加内特、诺维茨基、波什、扬尼斯·安特托昆博（字母哥）、安东尼·戴维斯等

# **C**enter 中锋

中锋，顾名思义乃是一个球队的中心人物，一般由队中最高的球员担任，传统上强调篮下的防守，以及篮板球的保护。由于身高的优势，一些具备进攻天分的中锋球员也常常成为在禁区附近投篮得分的主要进攻点。

中锋虽没有固定的"身高标准"，但以现今世界篮坛的一般水平，男篮中锋的身高普遍在 2.08 米以上，女篮中锋的身高普遍在 1.90 米以上。在技术统计上，中锋通常能贡献最多的盖帽数，且常能达到较高的投篮命中率以及篮板球绩效。

**球员代表：**比尔·拉塞尔、张伯伦、贾巴尔、奥拉朱旺、奥尼尔、姚明、霍华德、恩比德、唐斯等

# Basic Skills of Basketball

Basic Skills of Basketball

　　NBA 巨星贾巴尔的传奇天勾，乔丹的后仰跳投，欧文的"大鹏展翅"飞天大灌篮……每一项绝技都为球迷们所津津乐道。而他们高超的攻防技术，正是建立在娴熟、精湛的个人基础技术上。基础技术是获得比赛胜利的前提和基础，只要勤学苦练，假以时日，拥有超凡的篮球技术不再是梦想。

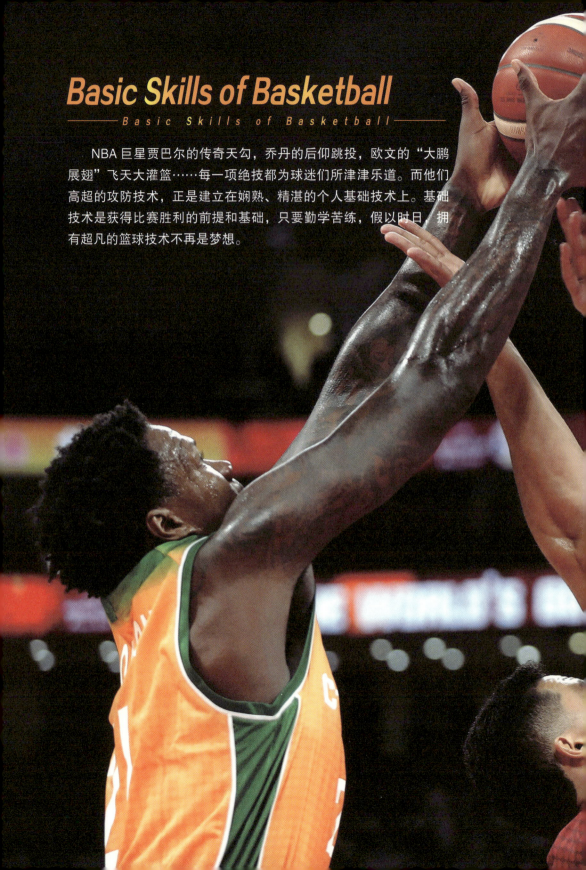

# PART 3
★★★★★★★★★★★★★★★★
# 快速入门之基本技术篇

# Foundation Course
## 一、基础入门

## **S**tand 站立

### ◎ 基本站立姿势

基本站立姿势是攻守技术的基础，也是各种技术动作的基本环节。保持正确的基本站姿，能使身体各部位处于适宜的工作状态，便于各技术动作的开展和运用。

### → 动作方法

两脚平行或斜开立同肩宽，两腿微屈，重心在两腿中间，两臂微屈置于体侧或腹前，眼平视前方（见右图）。

### → 动作要点

①收腹，提臀，重心在两脚之间。
②注意观察场上的情况。

### → 易犯错误 ×

①双腿直立，重心过高。
②上体过于前倾，全脚着地。

### → 纠正方法 √

①屈膝135°左右。加强腿部力量的练习，养成在球场上屈膝降重心的习惯。
②注意强调提脚跟，含胸但不过于弯腰，头保持在膝和地面垂直线以内。

### ☆练习方法☆

①体会站立姿势动作要求，勤加练习。
②由基本站立姿势开始，结合各种跑、急停、跨步、转身、跳跃动作，加强综合技术的运用。

# ◎ 防守基本站立姿势

防守站立姿势很重要，正确的防守姿势可以阻止和干扰对手的进攻，也可在对手突破的时候迅速地跟上防守。

→ 动作方法

两腿微屈，重心压低，上体稍前倾，两臂张开，眼睛盯住对手（见图①~图③）。

→ 动作要点

屈膝，大腿与地面夹角尽量保持在0°～30°（也就是压低重心），两脚比肩略宽，上身稍向前探，两臂张开，手掌面向对方，一臂稍高，用来干扰对方传球，另一臂稍低，用来干扰对方控球，可根据习惯和对方具体进攻情况而决定用哪只手臂。

①　　②　　③

→ 易犯错误 ✕

重心过高，上体过于前倾，注意力不集中。

→ 纠正方法 ✔

①加强腿部力量练习，养成在球场上屈膝降重心的习惯。
②加强移动速度训练，同时加强注意力训练。

☆练习方法☆

①一对一摆脱与反摆脱的练习。和队友互换角色，自己主动去防守队友，在防守过程中体会动作要点。
②结合各种跑、急停、跨步、转身、跳跃动作，加强各项移动技术的综合练习。

 **un 跑**

## ◎ 起动

起动是进攻者摆脱防守、防守者堵截对手、抢占有利防守位置的有效手段。

### → 动作方法

从基本站立姿势开始，起动时与跑动方向相反的另一侧脚的前脚掌内侧（向前跑时则用前脚掌）用力蹬地（见图①），同时向跑的方向移动重心，两臂用力摆动，迅速跑出（见图②、图③）。

### → 动作要点

要注意移重心，起动后的前两三步前脚掌蹬地要短促有力。

### → 易犯错误 ×

起动前身体重心过高，起动后步幅大、频率慢。

### → 纠正方法 ✓

起动前保持正确的基本姿势。采用3～5步起动跑练习来纠正脚蹬地不充分。

### ☆练习方法☆

①平时加强速度练习，增强小腿力量，以及起动中腿蹬地的反应速度和力量。
②结合各种跑、急停、跨步、转身、起跳练习。

①

②

③

## ◎ 变速跑

变速跑是队员在跑动中利用速度变化完成攻守任务的一种方法。

### → 动作方法

由慢跑变快跑时，上体前倾，用前脚掌短促有力地向后蹬地，同时迅速摆臂，前两三步要小，加快跑的频率（见图①）。由快跑变慢跑时，上体抬起，步幅加大，用前脚掌抵地，减缓冲力，从而降低跑速（见图②）。

### → 动作要点

由慢跑变快跑，步频要加快；由快跑变慢跑，步幅要变大。

### → 易犯错误 ×

变速的快慢节奏不明显。

### → 纠正方法 √

加强跑步节奏练习。

① 

### ☆练习方法☆

①加强节奏和速度练习，可由慢跑变快跑，也可由快跑变慢跑进行练习。
②结合其他技术进行综合练习。

②

## ◎ 侧身跑

侧身跑是队员在向前的跑动中，为观察场上的情况，侧转上体进行攻守行动的一种方法。

### → 动作方法

队员在向前跑动时，头部与上体侧转向球的方向（见图①），脚尖朝向跑动的前进方向，内侧腿深屈（见图②），外侧脚用力蹬地（见图③），内侧肩在前（见图④）。

### → 动作要点

面向球转体，切入方向的内侧腿深屈，外侧脚用力蹬地，重心内倾。

### → 易犯错误 ✗

跑动过程中紧张。

### → 纠正方法 ✓

先在慢跑中体会动作，变向时注意降低重心。

① ② ③ ④

### ☆练习方法☆

①两人一组，一攻一守，进攻队员侧身跑时，防守队员面对着进攻队员向后作侧身跑，攻守交换练习。
②利用篮球场内三个圆圈进行侧身跑练习。
③侧身跑接传球练习。

## ◎ 后退跑

后退跑是队员为了观察球场上攻守情况，背对前进方向的一种跑动方法，常与撤步、交叉步等结合运用。

### → 动作方法

后退跑时，用两脚的前脚掌交替蹬地向后跑动（见图①），同时上体放松挺直，两臂屈肘配合摆动（见图②），保持身体平衡，两眼平视，观察场上情况（见图③）。

### → 动作要点

前脚掌蹬地，向后跑动，上体放松。

①                    ②                    ③

### ☆ 练习方法 ☆

①先慢跑然后变快跑，先向前跑然后向后跑，多加强背向移动练习。
②结合各种跑、急停、跨步、转身、跳跃动作，结合其他技术综合练习。

### → 易犯错误 ×

缺乏背向移动感觉，造成全脚掌跑、不由自主回头看；有恐惧心理，怕摔跤而两腿不敢抬起。

### → 纠正方法 √

先在慢跑中、重心稍高中体会动作，逐渐加速、降低重心。

# J ump 跳

## ◎ 双脚起跳

在原地或急停后运用较多，主要用于跳球、跳起投篮、抢篮板球等。

### → 动作方法

起跳时，两脚开立，快速屈膝降重心（见图①），两臂相应后摆，上体前倾（见图②）。同时两脚用力蹬地，伸膝，提腰（见图③），两臂迅速向前上提，使身体向上腾起。上体在空中自然伸展，收腰，下肢放松。落地时用前脚掌着地，并屈膝后，保持身体平衡（见图④）。

### → 动作要点

起跳前屈膝降重心，掌握好球的落点。起跳时的蹬地、提腰、伸臂动作要协调。

### → 易犯错误 x

起跳前重心不够低，起跳动作僵硬不协调，动作缓慢无力。

### → 纠正方法 √

①原地模仿训练。
②加强反应能力训练，做到能突然快速地起跳。

① ② ③ ④

### ☆练习方法☆

①进行双手摸高跳起练习，或者用球不断撞击篮板，然后练习跳起抢篮板。
②经常进行高抬腿原地跑练习，提升小腿肌肉强壮度和反应力。
③可以进行跳远练习，提高肌肉柔韧度。

## ◎ 单脚起跳

多在行进间运用，主要用于行进间投篮、接球和冲抢篮板球等。

### → 动作方法

起跳时，起跳腿屈膝前进，脚跟先着地并迅速屈膝过渡到前脚掌用力蹬地（见图①），同时提腰摆臂，另一腿提膝积极上抬，借以帮助重心上移（见图②、图③）。当身体上升到最高点时，摆动腿向下放膝与起跳腿自然合并，使腾空动作协调。落地时，双脚分开，屈膝缓冲（见图④）。

### → 动作要点

移动中起跳腿迅速屈膝蹬地，腰胯用力，把前冲力变为向上起跳的力量。

### → 易犯错误 ✕

蹬地与摆臂在时间和方向上不一致，配合不协调；单脚起跳的前一步步幅过大，跳不起来。

### → 纠正方法 ✓

明确蹬地与摆臂在时间和方向上的关系，建立正确的技术动作概念，采用分解练习方法。

① ② ③ ④

### ☆练习方法☆

①进行单手摸高跳起练习，或者用球不断撞击篮板，然后单脚起跳抢篮板。
②进行原地高抬腿单腿起跳，提升小腿肌肉强壮度和反应力。

# **S**udden Stop急停

## ◎ 跳步急停

这是队员在中速和慢速移动时，用单脚或双脚紧贴地面跳，突然制动速度的一种方法。

### → 动作方法

在中速和慢速移动中，用单脚或双脚起跳（紧贴地面跳）（见图①），上体稍向后仰，落地时全脚掌着地，用前脚掌内侧蹬住地面，两膝弯曲，两臂屈肘微张，以保持身体平衡（见图②、图③）。

① ② ③

### → 动作要点

重心放在两脚之间，两腿弯曲，两臂屈肘在体侧保持身体平衡。

### → 易犯错误 ✕

急停时不稳，身体重心前移。

### → 纠正方法 ✔

落地时两腿要分开，上体稍向后仰，屈膝降下重心。

## ☆ 练习方法 ☆

① 徒手在慢跑或中速跑中做跳步急停练习。
② 跑动中突然急停，利用篮球场内圈来回做练习。
③ 结合各种跑、急停、跨步、转身、跳，以及其他技术进行综合练习。

## ◎ 跨步急停

这是队员在快速移动时，用双脚先后跨步着地，突然制动速度的一种方法。

### → 动作方法

在快速跑动中急停，先向前跨出一大步。脚跟先着地，然后迅速地过渡到全脚掌抵住地面（见图①），同时迅速屈膝降重心，身体微向后仰，后移重心，再跨出第二步（见图②、图③）。脚着地时，脚尖稍向内转，用前脚掌内侧蹬住地面，两膝弯曲（如先跨左脚后上右脚，则身体向左侧转），并微向前倾，重心落在两脚之间，两臂屈肘自然张开，保持身体平衡（见图④）。

① ② ③ ④

### → 动作要点

第一步要大，降低重心；第二步要快速跟上，用脚前掌内侧蹬住地面。

### → 易犯错误 ×

跨步急停时第一步过小，第二步未用前脚掌内侧抵住地，使身体前倾、重心前移。

### → 纠正方法 √

落地时两腿要分开，上体稍后仰，屈膝下降重心，采用分解、组合练习方法。

### ☆练习方法☆

①向左前方或向右前方抛球（距离要适当），然后用同侧脚蹬地，单手接球做跨步急停。

②利用篮球场内圈进行来回跨步急停练习。

③移动动作组合练习，攻守转换练习，跑、转身、滑步综合练习。

# **T**urn 转身

转身是队员以一只脚作为中枢脚，另一只脚向前或向后跨出，以改变自己身体的站立方向，适应进攻防守时所需的与对手位置相关的一种技术。转身分前转身和后转身。

## ◎ 前转身

移动脚向中枢脚前方跨步转动的叫"前转身"。

①

②        ③

### → 动作方法

重心移向中枢脚，另一只脚的前脚掌蹬地，同时中枢脚以脚前掌为轴用力踮地，上体随着移动脚转动，以肩带腰向前改变身体方向（见图①）。要保持身体重心平稳，转身后重心应转移到两脚之间（见图②、图③）。

### → 动作要点

中枢脚用力踮地，同时移动脚用力蹬地、转胯，身体重心始终保持在一个水平上。

### → 易犯错误 ✕

转身时身体后仰，低头，身体重心上下起伏。

### → 纠正方法 ✓

降低动作难度；采用限制方法。

### ☆练习方法☆

①平时加强速度练习，增强小腿力量，以及起动中腿蹬地的反应速度和力量。
②结合各种跑、急停、跨步、转身、跳跃动作。

## ◎ 后转身

移动脚向中枢脚后方撤步转动叫"后转身"。后转身是运球中的一种基本方法，是篮球运动重要进攻技术之一，是个人摆脱防守，瓦解防守阵形，创造突破、传球、投篮得分机会的重要进攻手段，在实战中具有较大的实用价值。

### → 动作方法

重心移向右脚（中枢脚）（见图①），左脚（移动脚）内侧前脚掌突然蹬地发力，并带动腰胯发力向后转动（见图②）；左手最后一次运球用力拍按球，使球快速主动贴手（见图③），紧接着左手手心转向胸前，手紧贴在球的侧前方，右前臂横于胸前，随转身动作迅速将球拉向身体后侧方（在转身拉球过程中肘关节略内收），然后换右手运球（见图④）。转身蹬地发力完之后，屈膝靠向中枢脚转动（见图⑤）。

① ② ③ ④ ⑤

### → 动作要点

移动脚内侧发力带动腰胯发力向后转动，同时迅速将球拉向身体后侧方，肘关节内收，保持身体重心稳定。

### → 易犯错误 ×

①转身时身体过度后仰、低头、身体重心不稳。
②转身无力，身体没有完全转过来。

### → 纠正方法 √

降低动作难度；采用限制方法。

☆练习方法☆

同前转身。

# Basic Defense Step
## 防守基本步法

### ◎ 滑步

　　滑步是防守移动的一种主要方法，用于堵截和抢占进攻队员的路线和位置。它易于保持身体平衡，可向任何方向移动，可分为侧滑步（横滑步）、前滑步和后滑步。

→ **动作方法**

　　（以侧滑步为例）两脚左右开立约肩宽，膝微屈，上体稍前倾，两臂侧伸，眼睛盯住对手（见图①）。向左滑步时，右脚前脚掌内侧用力蹬地，同时左脚向左跨出，在落地的同时，右脚迅速随同滑行（见图②），然后依次重复上述动作，滑步时身体要保持平稳（见图③）。

　　前滑步和后滑步动作要领同侧滑步，只是滑行的方向不一样。

☆ **练习方法** ☆

①从防守的基本姿势开始向四个方向滑步（左、右、前、后），根据滑动的方向，嘴巴里发出"左左、右右、前前、后后"的号令。
②抱头滑步。两手抱住头部进行前后左右的滑步，训练正确的防守姿势和基本脚步动作。

①

②

③　　　　侧滑步

→ **动作要点**

　　重心平稳。移动时要做到异侧脚先蹬，同侧脚同时跨出，异侧脚再跟上，保持原来姿势。

① ② ③

后滑步

① ② ③

前滑步

→ **易犯错误** ✗

　　重心过高，身体上下起伏和上体过于前倾，动作不连贯、不协调。

→ **纠正方法** ✓

　　先慢速体会动作，体会脚蹬地的方向，降低身体重心。

## ◎ 撤步

撤步是变前脚为后脚的一种起步方法，防守队员为了保持有利位置，特别是当进攻队员从自己前脚外侧持球突破或摆脱时，常用撤步，并与滑步、跑等动作结合运用。

正面图

### → 动作方法

撤步时前脚掌内侧用力蹬地，同时腰部用力向后转胯，前脚后撤，后脚的前脚掌蹬地。当前脚后撤着地后，紧接着滑步，保持身体平衡与防守姿势。后撤步时，撤步角度不宜过大。

### → 动作要点

前脚用力蹬地，利用腰部力量带动转胯；后脚的前脚掌要积极蹬地。

侧面图

### → 易犯错误 ✕

撤步时后脚蹬地动作不明显；撤步方向过于靠后。

### → 纠正方法 √

原地模仿练习。

### ☆练习方法☆

①一对一进行防守实战练习，在实战中体会撤步动作要领。
②结合跑、转身、滑步等各种移动技术进行综合练习。

背面图

# Attack Skills
# 二、进攻技术

# Shooting Point 投篮的基本要点

想投篮精准，最关键的是投篮时要集中注意力，控制好身体平衡，采用正确的姿势反复练习。

## ◎ 双腿开立，身体正对篮筐

正确的跳投姿势是：双脚开立，与肩同宽，身体正对篮筐。这样既能保持稳定的站立姿势，又能根据场上情况灵活调整，确保投篮命中率。

## ◎ 垂直起跳

决定跳投成功的关键是起跳后能否保持住身体的平衡。起跳前，运动员一手持球，一手扶球，瞄准篮筐，然后双腿适度弯曲，垂直向上跳起，然后落回原地。

## ◎ 两个"L"形

投篮时，持球手的手腕、手臂、肘部、球应保持呈一条直线。同时，手腕与手臂、手臂与肘部之间要形成两个相对的"L"形。

## ◎ 投出的球应沿着一条弧线轨迹飞行

练习时，应使投出的球沿着一条弧线轨迹飞行，从而命中篮筐。

## ◎ 集中注意力投篮

即使是平常的练习，也要把它看作是正式比赛结束前扭转乾坤的一投。发生失误时，要养成分析原因并及时纠正错误的习惯。

## ◎ 培养球感

球感是通过训练培养出的一种对球的本能感觉。球感好的篮球高手可以凭借球感判断出球是否沿着正确的轨道前行，也可以根据投篮点的远近距离采用不同的力度使球回旋。

## ◎ 投篮状态的调整

投篮时，应集中注意力，保持稳定的情绪。如果运动员压力太大，会因紧张而影响发挥；如果运动员的肩颈用力过猛，投出的球会旋转不充分，导致球不能进入篮筐。

# $\mathbb{S}$hooting 投篮

## ◎ 持球方法与投篮预备

投篮是进攻队员为了将球投入篮筐而采用的各种专门动作方法的总称。它是篮球运动的主要进攻技术，是得分的唯一手段，是一切技术、战术的目的。

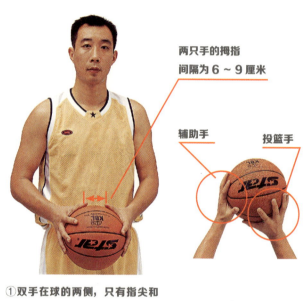

两只手的拇指间隔为 6 ~ 9 厘米

辅助手　投篮手

① 双手在球的两侧，只有指尖和指腹触球并持球。

② 将球在手中旋转，引导的那只手沿着球面滑动，投篮的那只手在球的后部。

### 热身运动

为确保安全，运动前要先做一段热身运动，热身的主要目的是轻微加快心跳。它有两个好处：一是提高身体主要部位的温度；二是使更多的血液（氧气）流向肌肉，从而为身体进行更剧烈的活动做好准备。伸拉运动会使筋腱更灵活，因为它能提高体温并增加关节活动范围，从而可避免关节、韧带和肌肉损伤。

热身运动应集中在大肌肉群上，练习者可通过原地踏步走、绕球场线跑、转腰、抬膝来为腿部热身；胸部和肩部的热身则可以通过转身、举臂绕圈等实现。热身运动应持续 5 ~ 10 分钟。

投篮手的拇指置于两眼中间，沿着鼻梁将球往外推，球便会笔直地飞出去。

两只手的拇指间隔为6～9厘米

③在把球往上引的时候，双臂几乎成直角。投篮的那只手的肘部在球的下方。

④将球连续地往上引到靠近脸的上方，眼睛瞄准球篮。

⑤从球下面瞄篮，球高过额头，被定位在两臂之间。

最终接触点

## 球离手的正确方式

从指根到指尖依序放开球
①指根处
②第2关节
③第1关节
按此顺序放开球。球最后离手的部位为食指内侧。

## ◎ 单手原地投篮

双脚立于地板上的投篮方式。因为无须跳跃，可瞬间切换成假动作，也可随时由投篮姿势变化成传球、运球的动作，因此可说是进攻应变性极大的一种投篮法。

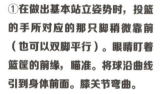

①在做出基本站立姿势时，投篮的手所对应的那只脚稍微靠前（也可以双脚平行）。眼睛盯着篮筐的前缘，瞄准。将球沿曲线引到身体前面。膝关节弯曲。

②身体紧张起来，屈膝。将球往上引。瞄准目标。投球的那只手先放在球的后部，再移到球的下部。将球固定在正确的位置上。

③自然地将整个身体对着篮筐挺直。当手臂伸至一半的位置，手腕要如弹簧般瞬间反扣，用手指将球弹出去。

### 架球的位置

将球架在固定位置，是稳定投篮的先决要件。最基本的方式是架在下颚至额头之间。当投球位置远超过罚球线时，可将拇指贴于脸上某部位（采取固定位置）架球，如此有利于维持标准的姿势。不过，在篮下进行跳投动作时，应将手臂高举，球架于头部上方。

远距离投篮时，将拇指贴在脸上来固定姿势。

篮下跳投时，伸长手臂，将球架高。

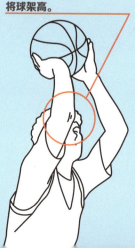

# Point

## → 姿势

　　想要实现准确投篮，首先应从端正姿势开始。记住下列检查重点，在你养成习惯之前，经常依此反复检查并修正自己的姿势，直到随时随地能下意识地摆出正确姿势为止。

**头摆直**
使全身重心呈垂直状态。

**下颌正对前方**
下颌勿用力，自然地面对前方即可。若稍有晃动，视线便无法集中，故需保持静止。

**肩膀呈水平状态**
肩膀和颈部一旦用力，手的力量就会削弱。因此肩膀务必要放松，以水平的姿态正对篮筐。

**手肘**
手肘与地板垂直。

**腹部放松**
不可凸腹，亦不可吸气收腹。

**屈膝**
膝盖保持柔软的状态（约135°角）。

视线集中在篮筐的前缘

**惯用的单脚置于前**
与投篮手同侧的脚置于前方。前后脚的间隔约为20厘米，与肩同宽。

**上臂与手背呈水平状态**
投球的瞬间，将手腕朝外侧使劲弯曲。

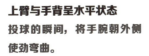

## ◎ 单手跳起投篮

　　这种跳跃后以单手进行投篮的方式，在比赛场合十分常见。与原地投篮不同之处在于：防守球员虽然贴得很近，但通过一个跳跃动作从高处投出球，反而比较安全。不过，这个动作在出手时机的拿捏上要求非常严格。

①－②两脚平行，与肩同宽，或者投篮的手对应的那只脚稍前。目光对准篮筐。膝关节微曲。双手放在球的侧面。投篮的那只手从球的下部推。

③伸直腿，同时将球引向高处。手腕在球上升的过程中向后撤。从球的下方瞄准篮筐。手腕积极后仰。球在额头前面稍微高过头顶的地方。

④在即将到达起跳的最高点时伸直手臂，用手腕和手指将球轻轻向外弹，手腕用力地往前甩出。沿着45°的抛物线，让球轻巧地从篮筐前缘滑落进去（如果位于篮下，则采用轻擦篮板的方式）。

⑤双腿同时垂直地、轻轻地落地。避免超前跳跃点20厘米以上。

## ◎ 急停跳投

急停跳投为罚球线区域的跳投方式。在比赛中，采取连续动作投篮的情形占绝大多数，这种投篮方式只是其中一种。它的技巧为：利用移动的过程接球，随即跳投。

起跳脚　　接球脚

③跳投（向上跃起后，往右方移动）。　②右脚踩第 2 步起跳。　①左脚跨出第 1 步来接球。

### 右侧跳投

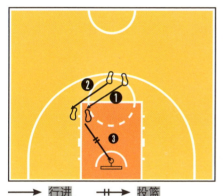

→ 行进　╫→ 投篮

## 投篮的抛物线

投出去的球所呈现的抛物线越高，越能完整地利用到直径 45 厘米的篮筐。抛物线如果太低，类似球砸到篮筐反弹回来的失误情形便会增加。理想的投篮角度为 45°~ 50°。只要你能保持球离手之后，伸直的手臂贴近于脸颊位置，那么角度方面大致就没什么问题。

45° ~ 50°

球离手后，伸直的手臂应贴近脸颊。
只要让离球后的手臂能贴近脸颊位置，便可投出 45°~ 50° 的抛物线。

47

## 左侧跳投

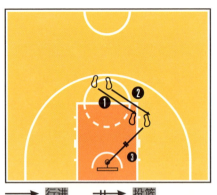

→ 行进　⫿► 投篮

## Point

　　如果你的肩膀没有正对着篮筐投球，多半会失手。一般人从篮筐的右侧投球，身体的平衡大致没什么问题；但如果左撇子从左侧投球，则会因大幅度扭转双肩，要投中远比在右侧更困难。

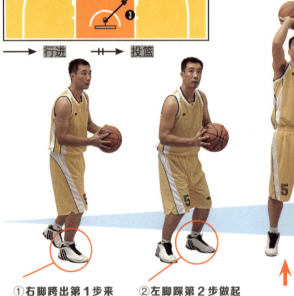

①右脚跨出第1步来接球。

②左脚踩第2步做起跳。

③跳投（向上跃起后，往左方移动）。

## 旋球

　　只需稍用手腕和手指轻弹一下，让球产生旋转，球就能飞得很远。原因在于球一旋转，来自空气的阻力就会减少，相对地，球的推进力会增强，使飞行的距离拉长。除此之外，旋球在碰到篮筐的时候，仿佛被吸进去般自动往里掉，而直球却大多会反弹出来。

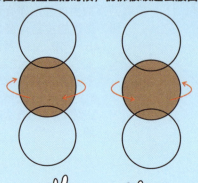

### 投篮距离与球的旋转次数比

| 投篮区域 | 与篮板距离 | 球的标准旋转次数 | 到达时间 |
|---|---|---|---|
| 篮下 | 2.8米以内 | 1圈 | 0.3s |
| 罚球线距离 | 4.3米 | 1.5圈 | 0.5s |
| 罚球线至圈顶的距离 | 5.5米 | 2圈以上 | 1s |
| 三分线距离 | 6.75米以上 | 2.5圈 | 1.3s ~ 1.5s |

## ◎ 挑篮

位于篮下的投篮方式。手掌从胸前向上举，利用手腕与手指轻弹的力量，将球由下往上送。挑篮的优点在于你可以用投篮手之外的另一只手去抵挡防守球员的干扰，以保障安全准确地投球。

### Point

自篮下右侧以左脚起跳，右膝上提，右手进行投篮；左侧方向则为右脚起跳，左膝上提，左手投球，反复练习，直到"左右开弓"都顺畅为止。

①自篮下右侧以左脚为动力脚起跳，尽可能地向上跳高。
②将胸前的球向上举。
③与投篮手同侧的脚上提至90°角后，手与膝盖步调一致地进行投篮。
④利用手腕与手指轻弹的力量，让球轻轻地擦板进篮，或者令其自篮筐边缘滑落进去。
⑤辅助手加强护球，以避开防守球员的拦截。

## ◎ 小勾射

这个投篮动作主要应用于篮下的短距离。特别采取背对防守球员的姿势，预防被"盖火锅"。在上篮时，肩膀几乎与篮筐垂直，大幅度地挥动投篮那只手，将球勾射进篮。

### Point

①即使背后有防守球员紧贴着，除非他的身高比投篮球员高出20厘米以上，否则手是够不到球的，所以这种投篮法遭"盖火锅"的概率较小。
②为了缩短投篮的时间，也为了避免遭防守球员抢球，请不要把球抱在胸部以下的位置。
③初、中级水平的球员，如果要提高比赛时的投篮命中率，务必勤练这项投篮技巧。

①在跳步急停的同时，将球架上标准的投篮位置。
②右膝上提至90°角的同时，协调手与膝盖的动作。
③肩膀的线条几乎与篮筐呈垂直的时候，右手从后方挥上来，手肘伸直，在头顶上方轻轻将球弹出去。
④辅助手加强护球，避免防守球员出手干扰。
⑤或采用擦板进篮，或从篮筐前缘滑进都可以。
⑥反复练习篮下左右两边的勾射动作。

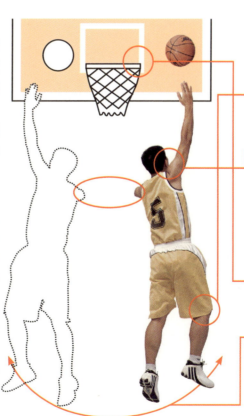

## ◎ 后仰跳投

这也是篮下投篮方式的一种。适用对象为弹跳性非常好的男子球员。当你躲过防守球员企图截球的手之后，双脚向后跳跃，同时球出手。这样的方式比较不容易遭到对方"盖火锅"，可以确保投篮的安全性。

①在跳步急停的同时，将球架上标准的投篮位置。

②向向后倾斜15°的方向跳跃，一面以单手投篮。

③可采用轻轻擦板进篮的方法，也可由篮筐前缘上方稍高的位置射入。

④务必以辅助手来加强护球。

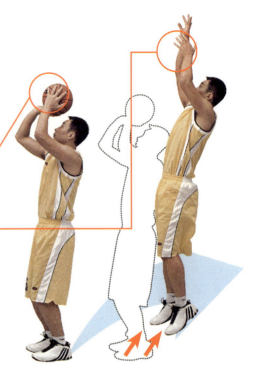

### Point

当你在篮下抢到篮板球，或者是运球行进至篮下受阻时，采用这种投篮方式最为有效。

向后跳跃有助于甩开防守球员的手，确保安稳地投球，是其优点所在；但从反面来说，无法诱骗对方犯规，也是它的一个缺点。

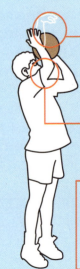

①在球尚未进篮之前，手臂不要放下。食指则指向篮筐的前缘。

②辅助手一并向上伸展。

③着地时，不可超过起跳位置20厘米以上。投球姿势无误的话，基本上不会发生移位的情形。

### 随球

所谓投篮的随球动作，指的是伸直手臂直到球进篮为止的状态。这时候不要忘了，不仅是投篮那只手要伸直，就连辅助手也要跟着向上举（从半举伸展至上举3/4左右的程度）。从投球的要领连贯到随球的动作，能赋予球更多的力量，影响十分重大。投篮之后，务必要养成习惯，保持手臂的姿势，观察球的进展。

## ◎ 带球上篮

指运球接近篮下后跳起来射球的动作，包括带球和上篮。这个动作看似简单，但要算好射的时机可不容易，如果射球的手跟停步时抬起的腿不同边的话，就会在半空中失去平衡，也就是说用右手射球就要抬起右腿，用左手射球就要抬起左腿，这样才能顺利上篮。

## 高手上篮

上篮一般称"三步上篮"或"三步跨篮"，是一项基本的投篮技术，它的最后出手可以是高手上篮，甚至是扣篮。高手上篮是指在球出手的瞬间，手腕高于肩部，一般弹跳力好的球员或大个子球员喜欢用；而小个子球员或者是在防守球员身高较自己高一截的情况下，多用低手上篮增加隐蔽性。

①重心前移，左肩前带，开始运球。运球的那只手臂的肘在球的后面。注意开始运球之前不准迈步。

②左脚跨出一大步，在左脚尖旁边运球。

③将球外引并护在腹部。眼睛看向球篮，紧接着右脚迈出一大步。

④左脚再迈出一小步，即第三步。仍将球护在腹部，瞄准球篮，抬起脚后跟，左脚起跳（左手球员则相反）。

⑤抬高摆动腿，起跳腿跳起，将球引到头的上方，投篮的手收到球的下方。瞄准球篮。

⑥在即将达到最高点的时候伸臂，将球推向篮板的右上角，手腕向前甩出，完成上篮。双脚轻轻落地，双眼注视着球，直到它落入篮筐。

Basic Skills of Basketball

51

## 低手上篮

三步上篮的另一种，指球出手的瞬间，手腕低于肩部。

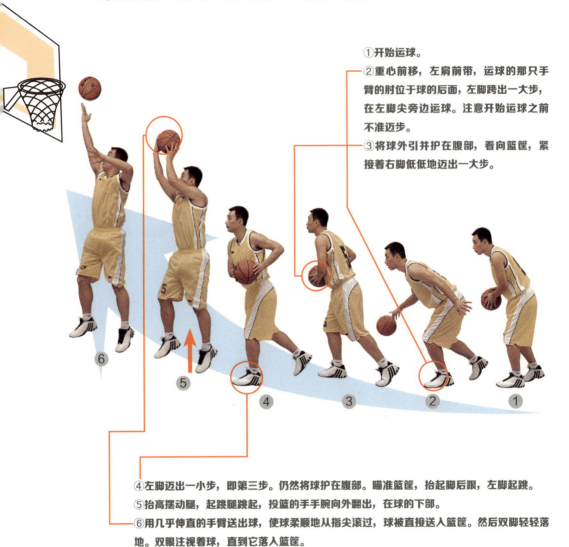

①开始运球。

②重心前移，左肩前带，运球的那只手臂的肘位于球的后面，左脚跨出一大步，在左脚尖旁边运球。注意开始运球之前不准迈步。

③将球外引并护在腹部，看向篮筐，紧接着右脚低低地迈出一大步。

④左脚迈出一小步，即第三步。仍然将球护在腹部。瞄准篮筐，抬起脚后跟，左脚起跳。

⑤抬高摆动腿，起跳腿跳起，投篮的手手腕向外翻出，在球的下部。

⑥用几乎伸直的手臂送出球，使球柔顺地从指尖滚过，球被直接送入篮筐。然后双脚轻轻落地。双眼注视着球，直到它落入篮筐。

## Point

同高手上篮不同，低手上篮要从距离篮筐更远的地方起跑。

## 反手勾射

这是沿着端线越过篮筐的一种勾射动作。采用由篮筐外侧射入的方式。由于得乘隙钻进篮下投球，因此需确认好篮筐的位置，再朝背后出手。

① 以投篮手同侧的单脚跨步来接球。

② 右脚踏一步，起跳。

③ 投球的那只手抓住球的下半部，拇指朝罚球线，瞄准篮板四角形的上边线后，往背后投出。

④ 手臂朝耳后方向直伸，利用手腕与手指轻快弹射，将球掷出去。

⑤ 球出手后，眼睛务必看向篮筐的方向，以确认球是否命中，以便采取下一步行动。

## Point

端线与篮板之间有 1.2 米的距离，而在实际比赛中，在这个地带投篮的机会比想象中还多，反手勾射与反手扣篮同属技巧性较高的投篮法，只要你学会了，在比赛中拿高分便不成问题。这类投篮动作有助于培养敏锐的球感，因此，掌握这项技术的球员要当仁不让地把握机会投篮，不要白白错过为球队争取分数的机会。

# ◎ 三分球

从三分线外投篮必须满足两项要求,那就是球要飞得又高又远和具备精准的控球技术。男子球员一般采用单手投篮。

④出手的正确位置在额头正上方。利用双手拇指带动反转,并尽早反扣手腕,将球自手心推出去。

⑤球出手后,手臂依然保持全伸状态,使双臂内侧贴近脸颊,直到球到达篮筐为止。记住,最后的触球点应该在食指内侧。

①双脚的立足点比肩膀稍宽些。与投篮手同侧的单脚超前 15 ~ 20 厘米,但重心仍在双脚中间。

②球架在胸前与下颌之间,手肘与身体的距离约 10 厘米。

③双手抓住球的后半部,两手拇指之间相距 7 ~ 9 厘米。

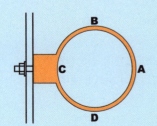

## 篮筐标

让我们集中焦点,将 6.75 米距离外的篮筐分割成 4 等份来看,篮筐前缘的 A,便是我们平时练习的目标。

# 投篮练习

### 跪坐在篮下练习

　　2 人一组。一人跪坐在离篮下 1 米处练投，另一人负责捡球传给前者。每人投 10 球后，交换练习。

　　先从篮下 1 米的距离开始练习，等到投 10 球可以中 8 球后，再慢慢往后挪到 2 米、3 米处，乃至罚球线的位置练投。

　　刚开始，球往往够不到篮筐。

　　持续练习后，渐渐就会碰到篮筐。

　　最后，将能从篮筐正上方 30 厘米处空心进篮。

### Point

　　训练球员用很小的力气就将球掷远，和以轻柔的动作令球旋转是本项练习的目的。

　　初学者在刚开始的阶段先将球抱持在胸前，以由下往上的反作用力来投掷。等掌握到球碰到篮筐的感觉后，再移到额头上方来练习，这样的练习方式能帮助初学者快速进步。

刚开始，球往往够不到篮筐。

持续练习后，渐渐就会碰到篮筐。

最后，将能从篮筐正上方 30 厘米处空心进篮。

### 坐在椅子上练习

　　2 人一组。椅子摆在距离篮下 1 米的地方。一人坐在椅子上投球，另一人负责捡球传给前者。每人投 10 球后，交换练习。

### Point

　　比起跪坐在地板上，光是椅子的高度就缩短了不少投篮的距离，更何况多少还能应用到下肢的力量。

　　当 10 球中有 8 球能从篮筐正上方 30 厘米处空心进篮时，即可将椅子逐渐挪远 1 ~ 1.5 米来持续练习。到最后阶段，椅子的前脚约在罚球线上。

# **P**ass & Get 传接球

传接球包括传球和接球，是篮球比赛中队员之间有目的进行传球的方法。它穿针引线般地把各项技术和各个队员连为一体，是比赛中运用最多的一项技术。传接球的好坏，直接影响着战术质量的高低。

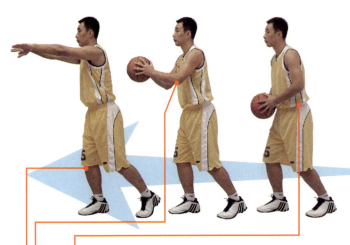

①双手十指打开，让两拇指相对贴于球的后方。

②手肘向外张开，球架在胸前至腹部之间。利用手腕与手指快速弹射的力量，将球向前推出。

③惯用的单脚在前，膝盖充分弯曲，上身微微向前倾。

## ◎ 传球

传球在篮球运动中可说是扮演着"血液循环"的角色。有一句话是这么说的："防堵射手不如防堵传球者。"可见只要阻止传球，就等于切断了人体的血液循环一般严重。

### 胸前传球

用双手或单手朝与地板平行的方向推送，将球传至对方的胸部到腹部之间。此方式大多应用在传球给切入禁区的球员时。利用快速的特点与弹射的手法让球产生旋转。不过，旋转过头会造成接球的不便。

### 反弹传球

由于反弹传球的球速在碰撞到地面后会被削弱，因此是速度最慢的一种传球方法。应用的时机大多是队友往篮筐方向切入，传球者配合时间传球。

用传球的另一只手辅助支撑，以免球掉落。

## 顶上传球

这种传球方式大多应用于阵地进攻法，即由外线传往禁区、禁区高位传往低位时。高个子的球员应用此法可说占尽了优势；相对地，矮个子的球员为了架高球，投篮、传球、运球行进这些动作的衔接就会比别人慢一步。

**抓住球的后方，双手指尖朝上，两拇指相对，双手将球高举在头上。两手肘微微弯曲。**

## 手递式传球

这是距离最短的传球方式。当传球者欲将球轻轻递到迎面而来的队友手上时，即可应用此法。球无须旋转。标准的递球部位在接球者的腰间。

**与其盯着接球者的方向，不如多注意两位防守球员的动态，小心传球为佳。**

**双手持球，往交接的方向稍微伸出手。**

## 跳跃传球

　　向上跳跃，在最顶点的位置传出球。这个动作经常应用在遭遇包夹的时候。如果起跳后发现无法按原定方向出手，只好抱着球着地，这时一不小心就会触犯"带球走"的规定，请多加注意。

双手指尖朝上或朝后，手肘微微弯曲。

## 肩上传球

　　准确传球给策应球员的动作，是一个篮球队原动力的来源。当你想抓准时机传球给已站定位置等待的策应队友时，即可应用此法。

球高举在肩上，朝防守球员的肩上空当处传球。

## 背后传球

　　这是把手绕到背、腰后方传球的一种方式。比起运球急停后传球的正统方式，这种方法更加快速且具瞬间爆发力。但这种特殊传球手法并不适合初学者。

利用手腕弹射的力量将球掷出去。

# 传球练习

## 双人对传的传球练习

当你对各种传球的方法有了大概的认识之后，要将它们练纯熟，这项练习是最有效的方式。

2 人为一组，共用 1 个球。彼此相距 5 米，面对面站好。

◆反复练习胸前传球（双手、左右单手）、反弹传球、顶上传球、跳跃传球、肩上传球等方法。

◆每种传球法各练 30s 至 1min，中间不休息持续练下去，不仅你的传球技术会大为进步，连体力也会变好。

## 三角形传球练习

让球员朝球的方向移动去接球，彻底学会传球的基本动作。

从 1 个球开始练习，动作熟练后再增加球数，直到 3 个球为止。

◆刚开始先定位传球，熟悉之后，改为跑步迎向前去接球再传球的方式。

◆一接到球，立刻朝跑步中的对方前面 3 米处传球。球出手后以更快的速度跑步前进，排入已传出球的对方的队伍末尾。

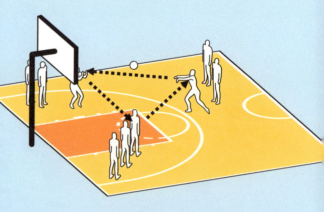

## 绕场传球练习

本项练习旨在让球员学会以全速跑步接球后紧接着传球的动作。

5 人为一组，共用 1 个球。所有球员排列如图示。

◆将球传给斜跑过来的②之后，自己朝下一个接球的定点全速冲刺。

◆①接到球之后，再传给前方斜跑上来的③，接着自己朝下一个接球的定点全速冲刺。

◆全体球员不断重复练习这个动作。最后一位球员负责带球上篮。

全体球员需以全速来跑位，时机的配合在此显得格外重要。

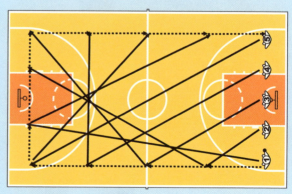

——行进 ·······▶传球

# ◎ 接球

　　一个球员如果连接球的动作都做不好，更不要提接下来的运球、传球、投篮动作的进行了。有时可能就因为球没接好，而错失绝佳的得分机会。因此，我们必须将接球的基本动作练扎实。

## 接球后急停

　　安全地接到球之后，先做个暂停动作已成篮球进攻动作的基本原则。为顺畅地连贯至下一个动作，动作的衔接需段落分明，且暂时停下动作，以免触犯"带球走"的规定是重点所在。

### → 跳步急停

　　双脚同时立于地面，暂停动作一拍。如禁区内的暂停动作、运球前进时的暂停动作、移动接球的暂停动作，几乎都可归纳为此种类型。

②全身的重心摆在两脚中间，用屈膝的姿势来架球，并以方便随时变换至下一个动作为准则，做好暂停的准备。

①由于双脚是同时着地，因此左右脚皆可任意做中枢脚。

### → 上步急停

　　这个动作需暂停2拍的时间，在外围接快速传球的情况下多见。

①以第1步跑的惯性，来缓冲传来的球势。

②第2步取转入下一个动作的平衡的姿势停住。

③取立刻转入投篮、运球、传球的姿势。

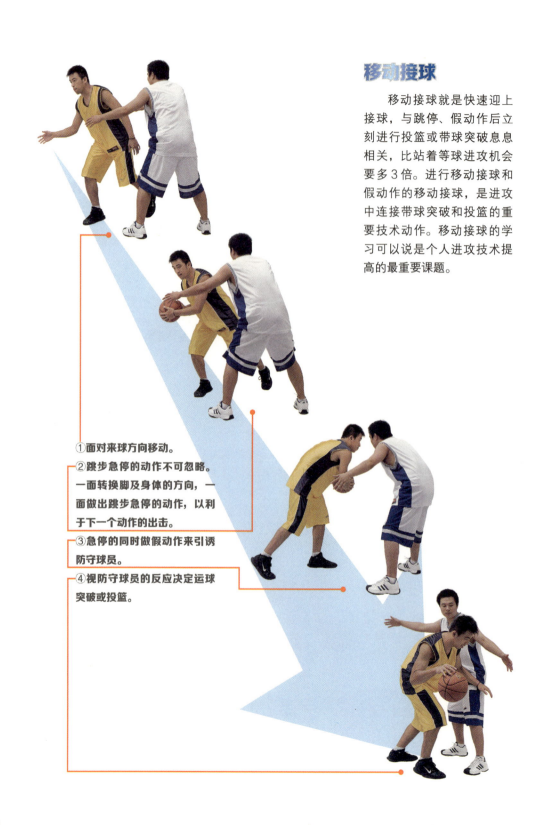

## 移动接球

  移动接球就是快速迎上接球，与跳停、假动作后立刻进行投篮或带球突破息息相关，比站着等球进攻机会要多3倍。进行移动接球和假动作的移动接球，是进攻中连接带球突破和投篮的重要技术动作。移动接球的学习可以说是个人进攻技术提高的最重要课题。

①面对来球方向移动。

②跳步急停的动作不可忽略。一面转换脚及身体的方向，一面做出跳步急停的动作，以利于下一个动作的出击。

③急停的同时做假动作来引诱防守球员。

④视防守球员的反应决定运球突破或投篮。

# 接球练习

## 远步移位接球

　　⑤对③暗示过接球的方位后，一举迈向背后防守球员的左侧或右侧来接球。此处分两部分做解说：一为中间禁区方向接球（A图），一为端线方向接球（B图），其后续动作的操练如图。

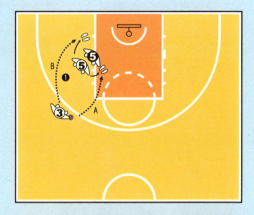

| | |
|---|---|
| ⟶ 行进 | ┄┄▶ 传球 |
| ∿➤ 运球 | ⊣⊦ 投篮 |

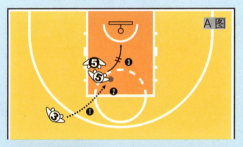

**中间方向的移位接球**

◆当③一朝中间方向传球，⑤就往中间方向大步移位，身体朝着篮筐来接球。

◆这时候，⑤若相隔篮筐一段距离，即可试着做一个假动作，视对方的反应来决定是投篮还是运球过人。

◆如果⑤甚为迫近，则将左脚向外踏出去，以右手进行小勾射，安全又准确。

**端线方向的移位接球**

与 A 图正好相反，这回⑤必须往端线方向跑位接球。

◆⑤若是挡在端线的方向，⑤就将右脚跨向中间方向，进行挑篮的动作。

◆⑤若未挡在端线的方向，⑤即可沿着端线运一次球后，进行反手扣篮或反手勾射的动作。

## 侧面移位接球

　　这是横向移位的接球法。当你位于高位禁区，且防守球员在你左右一侧的时候，接球就必须朝对方的反方向来移位。

◆如果守方在你的左手边，则以右手做指示（对方若在右手边，则以左手做指示），随即往侧边移位来接球。

◆当你一移位接球，守方也会跟着动作，而你是该投篮、切入，还是传球，应看对方做何反应而定。因此，在你接球的同时，务必仔细观察守方的动态。

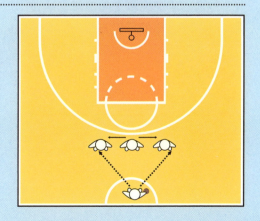

# Dribbling 运球

运球被称作"篮球艺术"，其动作之优美可见一斑。运球动作若做不好，可能导致其他的动作也连带出错。每位球员都有适合自己个人素质与能力的运球方式，当运球技术纯熟时，个人的进攻技术必能更上一层楼。

## ◎ 持球的基本姿势和转身

正 侧

①两脚平行，或者投篮的那只手臂所对应的脚稍前。重量放在脚掌上。做出基本跨立姿势（准备投篮、移动或传球）。

②两脚与肩同宽。手指分开包住球的一侧。

③转身旋转既可以向前也可以向后。移动脚保持单一。中枢脚随着脚掌的碾转而转动。

④旋转时保持重心较低。旋转要尽量又快又稳。旋转后站稳。

⑤旋转之后回到基本跨立姿势。

## ◎ 高低运球

球随着手在地板上忽高忽低地弹跳，以便改变你的行进方向与速度。这个动作经常出现在运球行进时。

①与防守队员相距较远时，可以让球弹高一些，运球的适当位置在脚前方。

②防守队员一旦靠近，就将头、肩膀放低，以钻空隙的姿态运球跑位。利用低手而高速的两次反弹，闪过对方的腰际。

# ◎ 交叉运球

　　即由左至右、由右至左变换方向运球之意。这个动作的诀窍在于灵活的左右假动作，以及从高位运球突然变化到 30 ~ 50 厘米的低位运球后，必须闪躲过对方的身体。

## ◎ 胯下运球

　　让球穿过两腿中间，改变运球的方向。近来，这种运球方式已有凌驾于交叉运球之上的趋势，理由在于两只脚有额外的护球功能，使防守球员的手不易触及，变换方向的时候更加安全。

①作势朝右方前进，防守球员会被引诱过来，在那一瞬间，将球从两腿中间向后反弹。
②用另一只手运球。
③右脚与右肩同时向左转，改朝左侧方向行进。

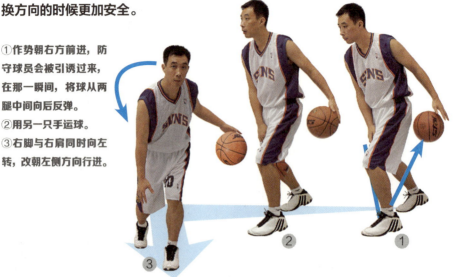

## ◎ 转身运球

　　在防守球员亦步亦趋的情况下，做个背转过身的动作（转身），继续运球前进。

①当防守球员从正面进逼而来时，就以你的左脚为轴心，一面运球一面背转过身来应对。（见图①、图②）
②外脚一侧的肩膀放低后，再转身。（见图③）
③转身动作一完成，即将运球手改成左手。（见图④）

## ◎ 背后运球

　　把球绕到背后，换另一只手运球，这样来改变行进方向。这个动作是篮球运球动作中少数优美的动作之一。由于需要高超的技巧，初级球员刚开始应先记熟动作姿势及要领，再通过每日反复练习让肢体更加灵活，之后才能正式派上用场。

① 往左方运球前进。当防守球员从左侧进逼而来时，左手就将球绕到背后。

② 用左手在右脚旁运一次球。

③ 用右手接反弹球。

④ 改右手运球，同时行进方向换成右侧。

## ◎ 急停急起运球

　　慢慢运球接近防守球员，停住，防守球员也会停住，看准这个时机，突然运球从防守球员肋旁突破。

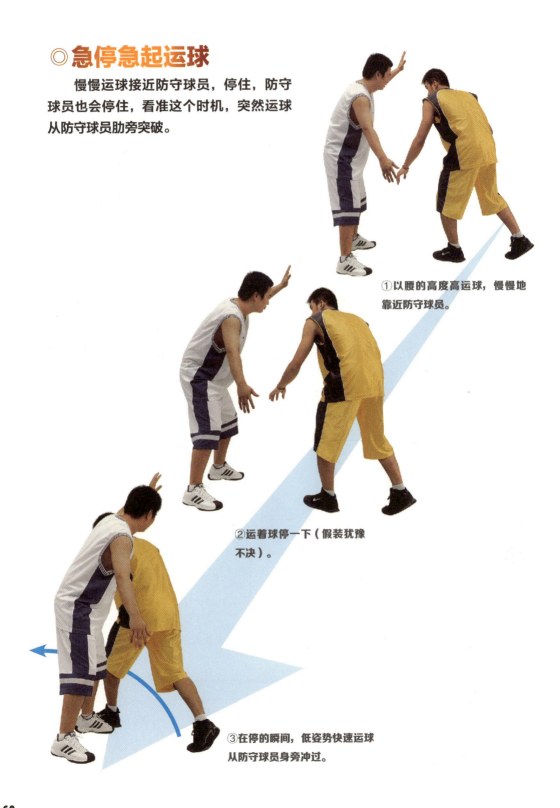

① 以腰的高度高运球，慢慢地靠近防守球员。

② 运着球停一下（假装犹豫不决）。

③ 在停的瞬间，低姿势快速运球从防守球员身旁冲过。

# 运球练习

## 快速运球练习

练习的内容即是以全速朝球场另一端运球前进。这种快速运球的动作多半发生在无人防守的情况下。

**每位球员抱一个球，在端线排成一列。**

◆利用3～4次的运球纵向跑完全场（28米），这次运球次数最多不超过4次。将球往前推出去之后，便使出全力来追赶。

**跑完全场所花的时间，以4～5秒为标准。**

## 双手运球练习

这个练习采用左右手同时各运一个球的方式来进行。对控球能力的训练极有帮助。

**每位球员抱一个球，在端线排成一列。**

◆左右手分别运球，快速向前迈进。

◆途中可以穿插各式各样的花招，如后退、边运球边换手、手绕到背后运球、从快速运球变化到急停的动作，或是边运球边朝左右任一方向转身等等。

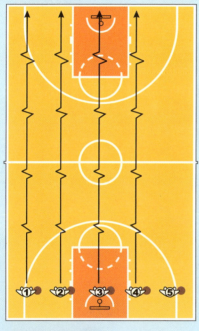

运球

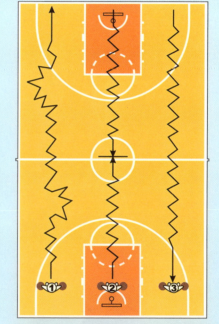

## 运球行进练习

主动朝防守球员靠近，在即将接触的前一刻运球过人。通过这样的练习，可以让球员掌握运球脱身的时机。

**两人一组，各抱一个球，面对面相距7～8米立定。**

◆双方同时运球前进。当彼此距离已经十分接近时（肩与肩相距70厘米以内），技巧性错开，避免接触。

◆应用6种基本的运球方法来进行练习。

# **B**all Keeping 护球

即使是中、高级水平的球员，一旦面临防守球员紧逼盯人，如果缺乏护球的能力，心里仍然会七上八下。且如果护球不力，就会很容易被对方抄截过去，错失一次进攻的机会。

## ◎ 头部上方

头顶传球的位置，虽然便于传球，却不利于运球行进。且从这个位置投篮，很难进球。

## ◎ 投篮姿势

双脚呈标准的投篮预备姿势，球架在额头或者下颌附近。无论是要投篮、传球或移动，都很方便。力求迅速转换到下一个动作，且避免遭防守球员抄截，尽可能贴近身体持球。

## ◎ 腹部

球贴着肚脐，双手抓着球，两手肘略微张开呈一直线。这个姿势应用在运球、传球或投篮行进中，动静皆宜。有相当多的胸前传球都是从这个位置投出的；从护球的角度来看，这个姿势也是安全的。

## ◎ 胯下

脸朝向正前方，球摆在双腿中间，上半身略微前倾。当防守球员靠近时，不必挺直腰杆，直接用这样的姿势运球过人，即可顺利脱身。

## ◎ 腰间

　　当防守球员伸出手企图抄球时，便将球转持在对方手够不到的另一侧腰间，以备接下来的进攻行动。

## ◎ 膝侧

　　当防守球员伸出手企图抄球时，便将球转持在另一侧的膝盖旁，为接下来的运球过人做准备。

## ◎ 脚踝侧

　　为避开防守球员出手拦截，将球持在身体最低的位置。防守球员若是手放低靠过来企图抄球时，你只要维持原来的姿势，让对方的手追着球瞎缠一阵后，再突然运球过人，便能立刻造成对方犯规。

# 护球练习

## 运球行进间的护球练习

当防守方采取紧逼盯人时，你若是一味地躲开，对方反而拥有更大的活动空间，会更嚣张地向你进攻; 相反，你若是积极地对着防守球员进行身体的接触，对方会停下动作，不敢轻举妄动，你的球反而安全。

## Point

自己主动去和对方球员进行身体的接触，这个动作可以说大大颠覆了一般人的认知。因此，只有反复不断地练习，直到你习惯为止。

在罚球圈内，进攻方以手肘挡住企图抢球的防守方，同时持续与其进行身体的接触。如此一来，防守方便会按兵不动，进攻方即可安全地运球行进。

## 传球者的护球练习

对于时常遭防守球员包夹而不得不控球的传球者来说，个人的护球技巧与传球给队友的准确度是非常重要的。

### ★3对3练习（A图）
◆③传球给⑤。
◆⑤向后确认一下⑤的位置远近。将球架在下颌下，并张开双手手肘来护球。
◆③与①跑位。
◆③与①加入防守⑤的行列。
◆⑤持球上下变换方向的同时需护稳球，继而传给③或者①。

### ★2对2练习（B图）
◆⑤与②形成包夹。
◆⑤转身朝端线方向做个运球行进的假动作。
◆⑤若是跟着往端线方向移动，⑤则趁机钻⑤、②之间的漏洞运球脱身。

➝ 行进　┄┄➝ 传球
〰 运球　⊢➝ 投篮

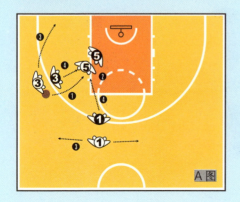

A图

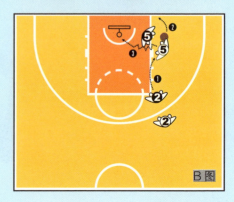

B图

# **J**ump Ball 抢篮板球技术

　　在现代篮球运动中，篮板球是影响比赛胜负的重要因素之一。俗话说，表演看进攻，赢球靠防守，而抢篮板球则是进攻和防守两方面均要着重掌握的重点技能，是攻守转换的关键环节。

## ◎ 抢进攻篮板球

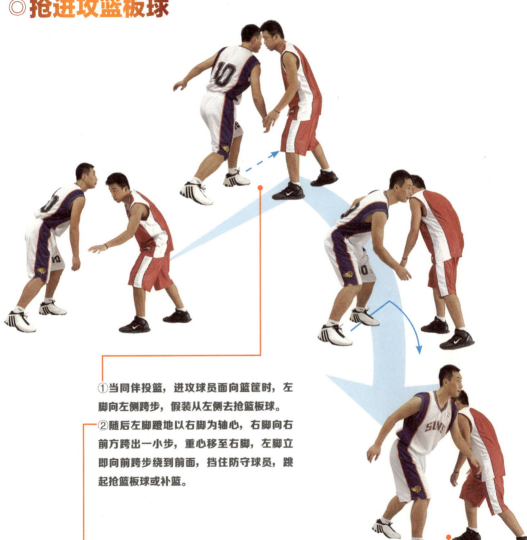

①当同伴投篮，进攻球员面向篮筐时，左脚向左侧跨步，假装从左侧去抢篮板球。

②随后左脚蹬地以右脚为轴心，右脚向右前方跨出一小步，重心移至右脚，左脚立即向前跨步绕到前面，挡住防守球员，跳起抢篮板球或补篮。

# ◎ 抢防守篮板球

①封住传球路线，要既看着对手
又看着球。靠近端线的手肘尽量
贴着进攻队员。

②通过转身将进攻队员拦在背后。

弱侧

①同时看着对手和球，球一旦投出，马上靠近进攻
球员，阻拦进攻队员从防守球员前面切入。

②手首先与进攻队员接触，同时双臂张开，通过转
身将进攻队员抵在身后，尽量将进攻队员防在禁区
边缘。

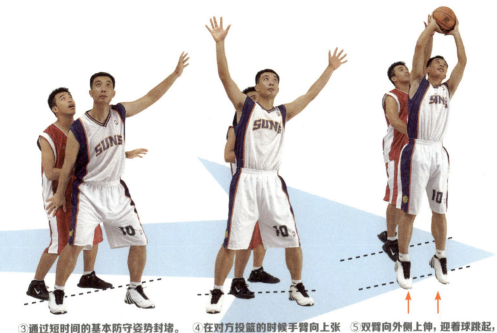

③通过短时间的基本防守姿势封堵。

④在对方投篮的时候手臂向上张开。用臀部和后背同进攻队员保持身体接触，不让进攻队员靠近篮下。

⑤双臂向外侧上伸，迎着球跳起，抢得球后，双手积极地拿住球，并以基本防守姿势落地。

③保持基本防守姿势，用臀部和后背与进攻队员保持身体接触，不让进攻队员靠近篮下。屈膝，重心下沉。眼睛要看着球。

④双臂向上张开，与进攻队员保持身体接触。

⑤迎着球跳起，双手积极拿球。双脚落地。

# 抢篮板球练习

控制了篮板球的人，就控制了比赛！

## 抢篮板球练习

**A、B 两队球员交替站在禁区边缘。**

◆ B 队有两次罚球。如果第一次罚球命中，B 队得 1 分；如果不中，则所有球员上去抢篮板球。在 B 队得 1 分之前或 A 队抢到球之前，B 队要全力以赴抢篮板球（进攻篮板球）。如果 B 队抢得进攻篮板球，得 1 分；如果 A 队抢得篮板球（防守篮板球），A 队得 1 分。

◆ 在 B 队罚完两个球之后，轮到 A 队罚球两次，如此轮流。哪个队先得 20 分，就算赢。

# Escape & Breakthrough
## 摆脱、突破

　　摆脱和突破同属于篮球过人技术，是持球队员运用脚步动作和运球技术超越对手的一项攻击性很强的技术。比赛中，掌握好过人时机，合理地运用过人技术，既能直接切入篮下得分，又能打乱对方的防守部署，创造更多的攻击机会，增加对手的犯规次数。

## ◎ 摆脱

　　摆脱即运球过人，是预防抢断的控球技术之一，也是摆脱防守队员上篮得分的最佳方法。

**翼侧摆脱**

①右脚往篮下跨出一步，通过这次往篮下方向的移动将防守队员吸引住。逼迫防守队员选择重心（使其重心偏向一侧）。如果防守队员没有做出反应，那么进攻队员就可以不受阻拦地切到篮下，接受传球。

②突然往外跨到翼侧。用外侧的手接球。接到球后，将球护在腹部。

③球到手后立即转身，回到基本站立姿势。

## 翼侧背切

①跑离篮下转向翼侧，引导防守队员向外移动，伴装接球以吸引防守队员的注意力。

②当防守队员做出反应并跟着移动过来时，突然改变方向，向篮下切入，刚巧赶上防守队员错用中枢脚（如果防守队员对此不做反应，那么进攻队员就可以自由地移向翼侧接受传球）。

③突然向着篮下位置冲过去，用靠近端线的手接球，稳当地接住传球后马上上篮或投篮。

# 假动作

也称"摇摆动作"（ROCKER MOTOON）是指进攻球员利用身体、球及脚的动作诱导防守球员，是篮球运动最重要的几项动作之一。摇摆动作可分为身体假动作、球的假动作和脚部假动作，这3种方式同时应用是最理想的状态。

## → 传球假动作

①连续操练顶上传球、胸前传球、反弹传球、低手传球、勾传等手势，但球不离手。
②双手做假传动作时，需做到手臂伸直的状态才能收回球。
③单手做假传动作时，需于球出手前的那一刻，用手腕和手指技巧性地勾回球。

## → 身体假动作

①双脚张开比肩膀稍宽。低手持球。
②左右晃动球，同时身体节奏性地随之左右摇摆。
③脸朝向前不动。节奏方面按先第1、第2个动作慢，第3、第4个动作快，然后再反过来第1、第2个动作快，第3、第4个动作慢的方式进行。
④每天练习1～2分钟，反复练习1～2个月后，渐渐就能找到感觉。

**脚部假动作**

①活动外脚，往前、左、右、后四个方向移动。
②与身体假动作及球的假动作互相协调，
形成一体的律动。

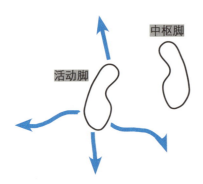

**→ 连续假动作**

　　通过右、左、右、左的重复假动作来引诱防守球员做出错误的反应，再伺机朝反方向运球前进，有两种形式可供选择：一种为双脚立定不动，仅利用身体和球做假动作；另一种则是以单脚作为活动外脚做脚部假动作。

①顺着节奏往右、左、右、左
的方向做假动作。
②手上的球先朝右方做个假传
或做运球行进状，再往腹部拉
回来，然后同样地朝左方做个
运球行进的假动作。

## ◎ 突破

突破即持球突破，是仅次于投篮的一个重要的技巧，它决定了一个人整体篮球技术的高低。主要由蹬跨、转体探肩、推放球和加速等几个环节组成。

### 做出投篮假动作后的突破

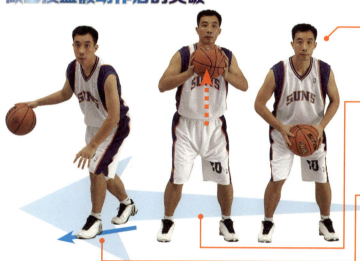

①重心下沉。保持基本持球姿势，将球护在腹部。两眼盯着对面的直接防守队员。

②双脚固定，膝盖和上体略微提起，眼睛看向篮筐。球稍微上引，做出投篮假动作，以便诱导防守队员挺身或跳起。

③右手运球，左脚迈步，迅速直线往篮下移动。第一步尽量地大。运球时球持在左脚尖的右侧。

### 左侧虚晃右侧突破

→ 无防守队员

①重心下沉。保持基本持球姿势。从基本持球姿势中用左脚向篮下迈出一小步。

②向左虚晃，左脚一触地马上从身前交叉向右跨出一大步，迅速直线向右，往篮下移动。同时用右手在左脚尖旁边运球。

③用手臂和上体将球护在身体右侧。

81

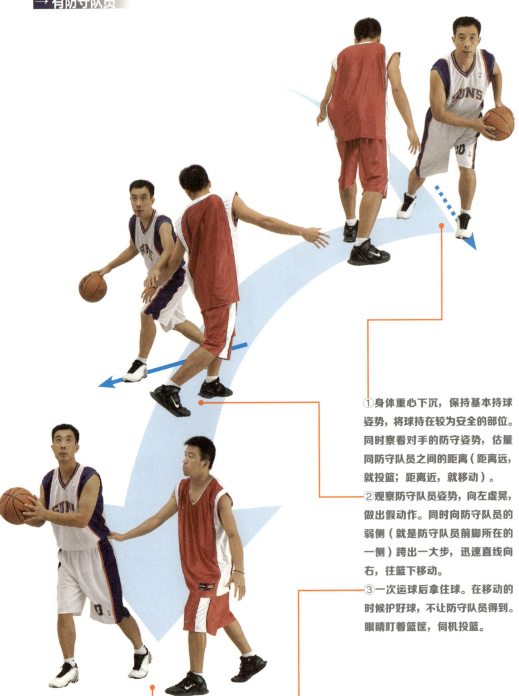

① 身体重心下沉，保持基本持球姿势，将球持在较为安全的部位。同时察看对手的防守姿势，估量同防守队员之间的距离（距离远，就投篮；距离近，就移动）。

② 观察防守队员姿势，向左虚晃，做出假动作。同时向防守队员的弱侧（就是防守队员前脚所在的一侧）跨出一大步，迅速直线向右，往篮下移动。

③ 一次运球后拿住球。在移动的时候护好球，不让防守队员得到。眼睛盯着篮筐，伺机投篮。

## 跳步

跳步是种利用顶向对手的姿势来达到脱身的目的。在接到球之后，从后续的假投篮或假传球到运球过人，便有赖于这套基本的步法。

### → 右侧的跳步过人法

①把球架在标准的投篮位置，膝盖弯曲呈135°，全身上下呈投篮的预备姿势。

②防守球员如企图上前拦阻，你便可抓住这一瞬间运球脱身。

③中枢脚的脚掌在离开地面的前一刻，用右手于膝盖高度的位置低手快速运球前进。以左右任一只脚作为中枢脚，另一只脚则向外跨出。

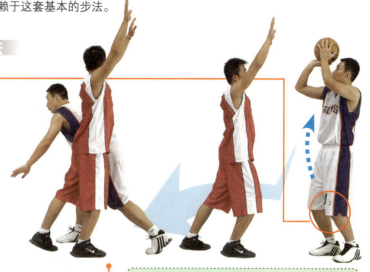

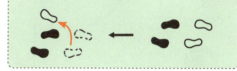

### → 左侧的跳步过人法

运球过人必须贴近防守球员的腰际。中间如果还有一段距离，反而会给对方防堵的空间，对自己不利。

①控球的那只手务必远离防守球员的外侧手。朝左侧运球者，用左手；朝右侧运球者，则用右手。

②脚掌如果在运球之前就先脱离地面，会被判"带球走"犯规。

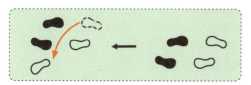

## 交叉步

交叉步是双手抓球，脚步配合假动作来进行的一种步法。这个动作经常出现在面临防守球员紧逼，必须利用外脚朝防守较松的一方移动脱身的时候。

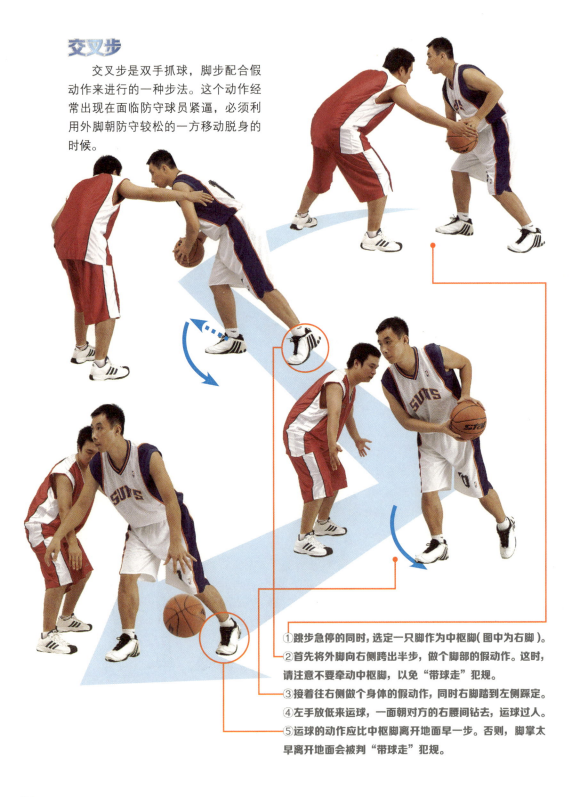

① 跳步急停的同时，选定一只脚作为中枢脚( 图中为右脚)。

② 首先将外脚向右侧跨出半步，做个脚部的假动作。这时，请注意不要牵动中枢脚，以免"带球走"犯规。

③ 接着往右侧做个身体的假动作，同时右脚踏到左侧踩定。

④ 左手放低来运球，一面朝对方的右腰间钻去，运球过人。

⑤ 运球的动作应比中枢脚离开地面早一步。否则，脚掌太早离开地面会被判"带球走"犯规。

# 摆脱、突破练习

## 动作练习

先分别学会身体假动作、球的假动作及脚步假动作，再将三者融于一体。

◆ 2 人为一组，共用 1 个球。

◆结合 3 种假动作来引诱防守球员。

◆察觉防守球员的反应后，你便知道该在何时运球过人或投篮。

## 外线球员的 1 对 1 攻守练习

从行进间接球连贯到摇摆动作，就成了一套绝佳的进攻动作，是热衷于篮球的你不可不会的招数。

◆ 3 人一组，共用 1 个球。

◆跑到 3 分线顶点处接队友传来的球，紧接着做出摇摆动作。

◆用交叉步运球过人，再以快速运球的方式进行跳投。

# Defensive Skills
## 三、防守技术

# Defensive Principle
## 运用防守技术的原则

### ◎ 持球方法与投篮预备

在篮球比赛中，攻与守是矛盾的两个方面，既互相制约，又互相促进。防守质量的高低是衡量一个球队水平高低的重要标志。现代篮球运动以攻击性防守为特征，运用防守技术需遵守以下原则：

①防守球员需具备压倒对方的气势，沉着冷静，果断地主动出击，阻拦对手的进攻。
②扩大防守的控制范围，阻挠对手平稳投篮，给对手传接球制造障碍，防止对手轻易突破或向篮下空切。
③坚持人、球、区兼顾的原则，使身体保持一触即发的状态，根据场上形势快速做出判断，及时应变。
④提高防守意识，预先判断对手意图，大胆抢前和抢位。
⑤保持快速灵活的脚步移动频率。
⑥手臂动作应快速、准确，积极封阻、抢断和盖帽。

华丽的进攻让你赢得比分，而坚实的防守会让你成为总冠军。

# ◎ 防无球队员从罚球线向篮下纵向切入

① 球在右侧进攻球员手中时，防守球员应左脚在前，错位防守，堵住对手离球近的一侧。

② 当另一进攻球员向篮下移动时，防守球员应稍往后撤并判断这一进攻球员的切入方向，要始终位于球与进攻球员之间，利用后转身将对手挡在身后，抢占这一进攻球员的接球路线。

# ◎ 防守持球队员

## 基本站姿和合理位置

　　防守球员面向持球者，两脚前后开立（一般是手与同侧脚在前），上伸手臂，目视进攻球员双目，判断其意图，距离保持在能够及时封盖其投篮为宜。

上伸手臂

两脚前后开立

## 平步防守

　　当防守球员面向持球者时，要保持低重心，站在持球者与篮板之间，与对手保持一步远的距离。一般情况下，对手离篮 8 米以外时，保持两步远的距离；随着对手向篮下移动，则应紧逼防守，给予其压力，不让其有持球突破的机会；当对手传出球后，首先要后撤，防其空切。

压低重心

## 防守接球进攻

当进攻球员接到球后，防守球员应及时与其保持一定距离，并降低重心，前伸手臂，目视进攻球员，同时要主动占据既能防其投篮又能防其运球突破的位置，当进攻球员运球从右侧突破时，防守球员用滑步阻截。

前伸手臂

压低重心

## 防守运球突破

防守球员首先要降低重心，双膝弯曲，站稳，随时准备移动，应与进攻球员保持既能防其投篮又能防其突破的适宜距离。

双膝弯曲，站稳，随时准备移动。

# 迫使进攻球员运球停止后的防守

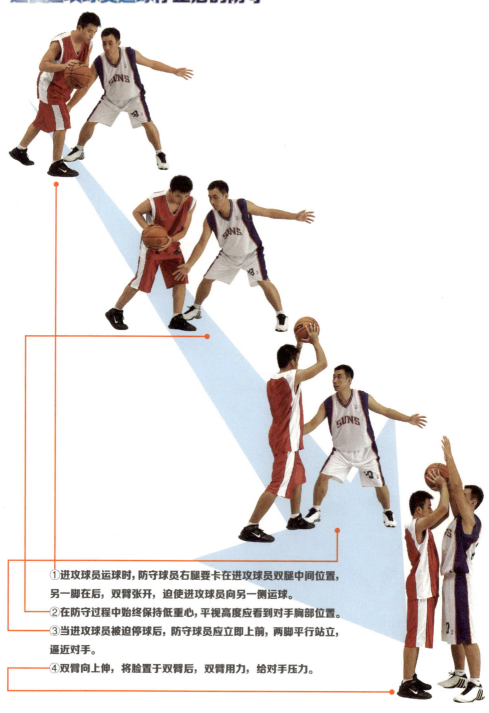

①进攻球员运球时，防守球员右腿要卡在进攻球员双腿中间位置，另一脚在后，双臂张开，迫使进攻球员向另一侧运球。

②在防守过程中始终保持低重心，平视高度应看到对手胸部位置。

③当进攻球员被迫停球后，防守球员应立即上前，两脚平行站立，逼近对手。

④双臂向上伸，将脸置于双臂后，双臂用力，给对手压力。

# ◎ 打掉对方手中的球

　　此动作要根据持球球员的动作、持球部位和防守所处位置情况进行，它可分为自上而下、自下而上和横向打球 3 种。在要领方面，有下面几种形式：

## 进攻队员持球时

　　当对手持球在腹部以上或接球向下拿时，防守队员应前臂前伸，掌心向上，手腕用力带动手指和手掌根部，用短促、有力、突然的力量将球自下而上打掉，并勾向自己；如自上而下打球时，则要看准机会，掌心向下，扣腕，通过手指用力击落球。

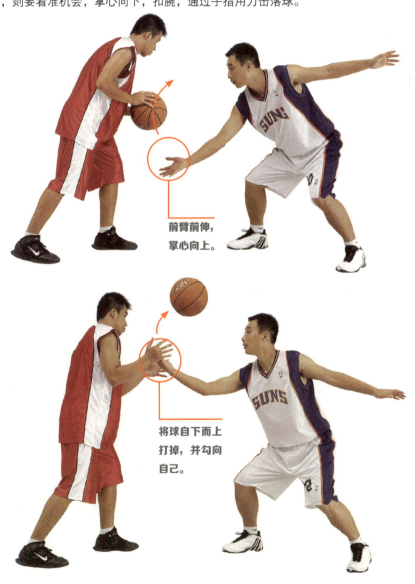

前臂前伸，
掌心向上。

将球自下而上
打掉，并勾向
自己。

## 进攻队员运球突破时

进攻队员从右侧突破时，防守队员左脚向侧后滑步抢位、堵截的同时，趁对手运球刚弹起的一刹那用右手打球，也可在控制住对手变向的同时，用左手打球。

球刚弹起的一刹那
用右手打球。

## 进攻队员运球上篮时

　　当防守球员侧身跑追防或迎上补防对手上篮时，要尽量位于对手侧前方或平行的位置。当进攻队员起跳时，应趁球暴露在外的一瞬间，迅速用离对手近侧手自上而下将球击落。

## 进攻队员投篮时"盖帽"

　　防守队员以快而短促的移动，选择位置，判断好对手的起跳时间，跟随对手起跳，充分伸展和控制好身体平衡。当对手投篮或上篮时，球出手的一刹那，迅速用离对手近侧手的手腕、手指力量向侧或向前拨球。

# Grab & Cut 抢断球

　　抢断球是指从对方进攻队员手中夺球或截获对方传接球的方法。它们是攻击性很强的防守技术，是积极防守的基础。大胆、果断、准确地运用抢、断球技术，不仅可以破坏对方的进攻，而且还可以鼓舞本队的士气，为反击快攻创造有利的战机。

## ◎ 抢对方手中的球

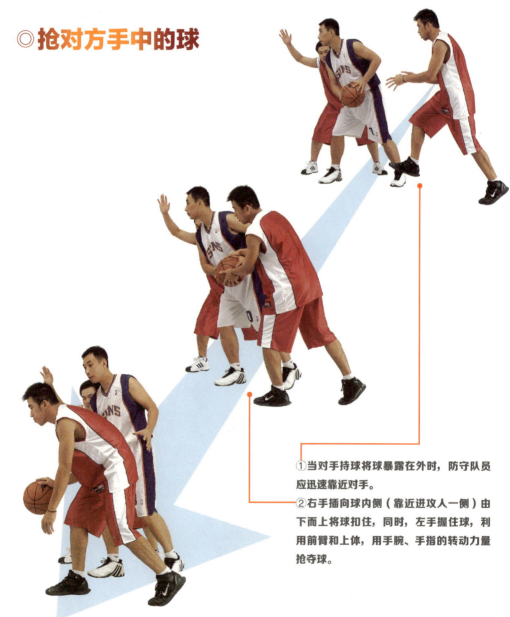

①当对手持球将球暴露在外时，防守队员应迅速靠近对手。

②右手插向球内侧（靠近进攻人一侧）由下而上将球扣住，同时，左手握住球，利用前臂和上体，用手腕、手指的转动力量抢夺球。

# ◎ 断球

## "鱼跃" 横断球

① 在断球前，要观察传球队员的位置和传球意图，同时利用肢体语言欺骗对手，隐蔽自己的意图。

② 断球时，要降低重心，在对手传球的一刹那，以"猛虎扑食"的气势迅速以短而快的冲刺助跑，向来球方向跃出，充分伸展身体和手臂截获球。

## 从对手身后或侧后跃出纵断球

当外线进攻队员将球传给背向篮板的队员时，防守队员应首先判断传球路线，当看到球飞来的一瞬间突然向接球人侧前跨出左脚，紧跟着跨出右腿绕在接球人身前，将球截获。

① ② ③ ④ ⑤

# 防守练习

### 紧密防守

队员两两相对站在中圈周围，相互看着。防守队员背对中圈，进攻队员面对中圈。

◆听到声音信号，进攻队员应尽力在 3 秒钟之内触到圈内的球。

◆同时，防守队员应转身将进攻队员挡在背后，阻拦进攻队员，让他们 3 秒钟内摸不到球。5次一轮换。

# 篮球术语

**保持距离（Balanced Floor）**
指在进攻时，球员之间应保持适当的距离。

**拿球（Ball）**
适用于在比赛中防守方试图在对方失误后获得控球权，或者当球处于无人控制的状态时提醒防守球员的情况。

**长传（Baseball Pass）**
为快攻球员传出的超过 6 米远的过顶传球，或为已起动跑向篮下的球员传球、跑三步篮。

**传切（Basket Cut）**
指后卫或前锋从两翼或罚球线外传球后，快速切入篮下。

**追防（Chase）**
指防守球员防守时紧跟着进攻球员跑。

**压一步（Close Out）**
指防守球员通过滑步等脚步动作抢先一步，挡住进攻球员的路径。

**干扰（Deny）**
指防守时干扰进攻球员接球的动作。

**双防守（Double Down）**
指两个防守球员在对方 3 秒区背对篮筐站位准备接球，或对投篮的球员形成夹击状态。

**协防（Help）**
指防守时，同伴快速上前协助队友防守漏防对象。

**站上位（High Post）**
指中锋站在罚球线附近或上端。

**漏人（Iso）**
提醒同伴有无人防守进攻球员。

**无人区（Isolation）**
进攻球员站位在 3 分线外造成进攻球员无人防守的局面。

**换防准备（Jump Switch）**
指防守球员在交换防守对象时挡在运球者路线上，迫使进攻球员退至底线或停球。

**低位（Low Post）**
指罚球线以内区域。

**空当（Open Up）**
指因防守失误，造成空当。

**分球（Outlet Pass）**
指高个子运动员在篮下抢得篮板球向外传给后卫，以便给沿边线跑动的快攻球员创造机会。

**高传球（Over-The-Top Pass）**
指大弧度传球，目的是使球略高过防守球员直接到底线球员手中。

**过分集中（Overload）**
发生在大多数运动员集中在球场的一边时，此时球场的另一边会出现一片空区。

**上一个（Pick）**
防守球员要求同伴协防的一种提示，表明进攻球员已经超出该防守球员的防守范围，或掩护成功已经摆脱了该防守球员。

**看球（See the Ball）**
提醒同伴注意球的起向。

**紧密防守（Smother）**
防守时紧紧围住球，形成夹击或造成争球。

**快切（Speed Cut）**
为迅速越过防守球员而有角度地切入篮下。

**防守动作（Square Up）**
指防守姿势，面对对手站立，包括屈膝、双脚分开一肩宽，等等。

**篮下动作（Square Up to the Basket）**
指拿球后转身面向或侧向篮筐、准备进攻的动作。

**强侧（Strong Side）**
球所在的一侧场地。

**换防（Switch）**
邻近的两名防守球员通知队友交换防守对象。

**圆弧顶端（Top of the Circle）**
指 3 分线以外的球场顶端。

**追防人（Trailer）**
指中锋或抢篮板球球员快速回防。

**活球状态（Triple-Threat Position）**
指持球运动员可以投篮、传球、切入篮下、运球或带球过人的状态。

**双手过顶传球（Two-Hand Overhead Pass）**
指手臂伸展的双手传球，只有手腕和手指用力。

**弱侧（Weak Side）**
无球的一侧场地。

**翼区（Wing Post）**
离边线约 1 米远的区域和罚球线以外之间的区域。

# Undefeatable Competition Tactics
Undefeatable Competition Tactics

篮球运动充满激情和活力，比赛形势扣人心弦，千变万化。为了制约对方，有时需要全队协同作战，有时需要在局部发挥两三个人的配合，有时需要单个队员进行个人突破，这就需要拥有高超的实战技术。灵活熟练地运用各种战术技巧，将个人技巧与集体协同作战完美结合，才能获得最终的胜利。

# PART 4
★ ★ ★ ★ ★ ★ ★ ★
# 所向披靡之
# 实战技术篇

# Principles of Attacking and Defending
# 一、攻守对抗的基本原则

## Defending Principle
## 防守原则

◆以攻击性防守为原则。将抢、打、断相结合，看准时机，果断地夹击、封堵、断球。

◆以防守持球对手为原则。当防守持球的对手时，应进行严密封阻，阻止外线球员将球轻易传入内线或投3分球，同时防止内线球员投篮、传球，堵截运球突破。所有防守队员要以球为目标，及时调整防守位置，占据球、人、篮兼顾的有利位置。

◆以防守无球对手为原则。当防守无球对手时，应设法阻断其接球路线，迫使其在远离篮筐的位置接球，增加传球和投篮的难度。

◆以团队合作为原则。队员之间彼此呼应，利用精练的语言或者默契的肢体动作有效沟通，协同行动。

## Attacking Principle
## 进攻原则

◆利用连续进攻寻找投篮机会。根据对手的防守范围，与队友进行掩护、传球、策应等基础配合，发动连续进攻，频繁地转移球，在连续穿插和移动中寻找投篮的机会。

◆冲抢篮板球。利用假动作迷惑对手，摆脱防守队员的阻挡，绕、跨、挤到对手的前方或侧前方，抢占有利位置，借助跨步或助跑起跳补篮或抢篮板球。

◆内外线有机结合。内线队员采用强攻压缩防守区域，给外线创造投篮机会；外线队员组织3分球配合，拉大防区，为内线创造机会。

◆充分利用队员优势。必要时，可以打破中锋、后卫、前锋的固定站位界限，有目的地将身材高大的队员调离篮下，为其在穿插跑动中制造进攻机会。

◆灵活把握进攻节奏。声东击西、出其不意、快慢结合、纵横交错、强攻与佯攻交替运用。

# Attack Tactics
# 二、进攻战术

# **I**ndividual Tactics 个人战术

## ◎ 无球进攻

　　无球队员的进攻行动分为主动创造进攻机会和帮助同伴进攻两种。主要是外围队员向篮下空切、突然移动摆脱接球、内线队员摆脱对手及接球等。一般依靠起动、变向变速跑、急停、转身、假动作等实现进攻目的。

### 空切

　　空切的目的是摆脱防守队员，到空位或篮下得球投篮或进行攻击配合。

#### → 空切的方法

◆利用速度。摆脱前先主动贴近对手，然后突然起动迅速超越对方。
◆利用对方的重心变化。采用变向变速跑，身体虚晃假动作及在对方紧逼时突然转身等方法，使对方重心不稳失去平衡。

#### → 要求

◆要和同伴的行动协调一致，不要两个以上队员同时向一个方向或一个攻击点跑，要分清主次和先后。
◆要和球的动向协调起来。在起动时间上，不要过早切向篮下，在空切方向上最好是与球的位置相对或平行。
◆要贴近对方，用身体和脚步动作卡位，把对方挡在自己的侧面。
◆起动要有突然性，起动后要掌握好动作节奏和速度变化。
◆空切时要侧身跑，注意球的活动，随时准备接球进攻。

## 摆脱对手

　　无球队员在对方采用人盯人防守而无法顺利接球时，要主动摆脱对手创造接球进攻的机会。

### → 摆脱的方法

◆对方紧逼时，进攻队员可快速向篮下空切，然后突然急停或转向，拉开与对手的距离。
◆在对方防守下不便直接接球时，接球前，先主动靠近对方，把对手向篮下挤压，然后突然后撤。

### → 中锋队员和处于内线的策应队员在对方采用人盯人防守时摆脱对手的方法

**卡位：**中锋队员原地迎球时，用侧身跨步和手臂动作挡住对手，或运用后撤步挤压对方，把对手挡在来球路线的外侧。
**变向：**在慢跑中贴近防守并突然改变移动方向，把对手挡在体侧或身后。在双方争抢攻击点时，可用迂回步、交叉步、转身、跨步等挡住防守队员。
**转身：**在跑动中贴近防守者，突然用后转身挡住对手。
**假动作：**原地或行进间摆脱对手时利用脚步动作或身体虚晃来诱使对方在选位、堵卡时出现判断错误，从而摆脱对手接球。

## 接球

　　接球有单手和双手两种方法。具体运用取决于来球的力量、方向和落点。接球好坏对进行下一个动作有直接影响。

### → 要求

◆要抢占有利位置，积极主动迎球，不要站在原地等球。
◆接球时要向传球队员传递信息。可以通过语言暗号、手、眼或身体动作示意接球的意图和来球的方向及落点。
◆接球前要了解场上情况，进行处理球的预测，接球后当不能投篮和突破时，要及时快速地将球传出，以利用同伴和球不停的移动创造更好的进攻机会。
◆接球动作要快，刚柔结合；球触及手指后，手腕要向后引，以缓冲来球的力量。
◆要用手臂和身体保护来球，以防被对方抢、断球。
◆队员无球时，除通过空切、摆脱对手接球进攻外，还可以通过移动给同伴创造进攻机会，如拉开、弱侧助攻等。

# **B**asic Tactics 战术基础配合

## ◎ 传切

　　传切是篮球战术中的进攻基础配合，是指进攻队员之间利用传球和切入技术所组成的简单配合，包括一传一切配合和空切配合。传切配合是一种最基本的简易进攻方法，一般在对方采用扩大盯人或扩大联防时运用。随着现代篮球运动向高空技术和技巧的方向发展，具有配合简洁、突然、攻击性强的吊扣，一传一扣以及空切与空中接球直接扣篮的配合，也是比赛中经常使用的配合方法。

## 传切配合的方法

### → 一传一切配合

　　是指持球队员传球后，利用起动速度或假动作摆脱防守，向篮下切入接回传球投篮的配合。

如图 1-1：①传球给②，①向左侧做切入假动作，同时观察❶的移动情况，然后突然从右侧切入，侧身面向球，接②的传球投篮。

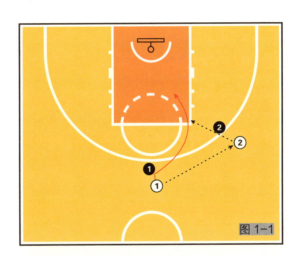

图 1-1

### → 空切配合

　　是指无球队员掌握时机，摆脱对手，切向防守空隙区域接球投篮或做其他进攻的配合。

如图 1-2：①传球给②时，③利用❸未及时调整位置的机会，突然横切或沿底线切向篮下接②的传球投篮。

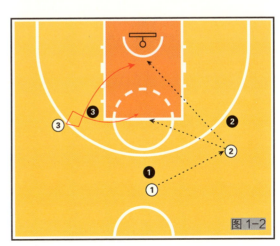

图 1-2

## 传切配合的基本要求

◆需有一定的配合空间及合理的切入路线。
◆切入队员抓住防守队员选位不及时或注意力分散的空隙，快速起动，或利用假动作摆脱对手。
◆传球队员动作要隐蔽、及时、准确。

## 传切配合的练习方法

### → 一传一切练习

如图1-3：①传球给④后，向左侧做切入假动作，然后变向从右侧切入接④的回传球投篮。④传球后跟进抢篮板球，①与④交换位置，依次进行练习。在此基础上，可做横切、斜切或对切入队员增设消极防守，最后过渡到增设积极防守进行二对二的对抗练习。

要求：切入动作快，传球及时到位，投篮准确。

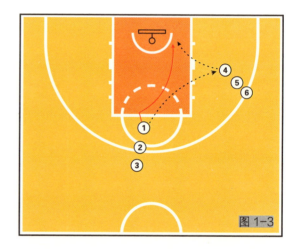

图1-3

### → 空切练习

如图1-4：①、③两组持球，①传球给⑤后反方向切入，接③的球投篮，③传球后快速横切接⑤的传球投篮。①、③抢篮板球后按顺时针方向换位，依次进行练习。

要求：切入动作规范，速度快，传、投准确，换位及时。

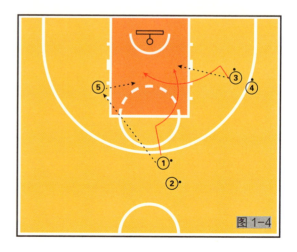

图1-4

# ◎ 突分

突分是指持球进攻队员突破后的传球配合，是持球队员在突破中将球传给同伴投篮的一种战术配合方法。多运用在对方采用人盯人防守或区域联防时，运用这种战术可打乱对方的整体防守部署，压缩防区，给队友创造最佳的外围投篮或篮下进攻机会。

## 突分配合的方法

如图 1-5：①持球队员从❶左侧突破后，遇到❷补防时，及时传球给横切的②投篮。

要求：徒手队员可向不同方向移动，持球队员传球动作要隐蔽、及时、准确。

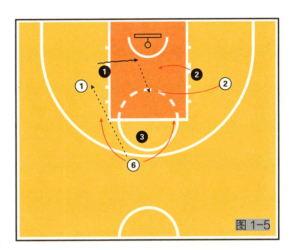

图 1-5

## 突分配合的基本要求

◆队员在突破中动作要快速、突然，在准备投篮的同时，要注意观察攻守队员位置的变化，及时、准确地将球传给进攻机会更好的同伴。

◆当持球队员突破后，其他的进攻队员都要摆脱对手，离开原先位置，切向空隙区域，准备接球进攻或抢篮板球。

## 突分配合的练习方法

如图 1-6：④接①的传球后，沿底线突破，当遇到固定防守队员❶的阻截时，及时传球给①投篮，④抢篮板球并与①交换位置。依次进行练习。

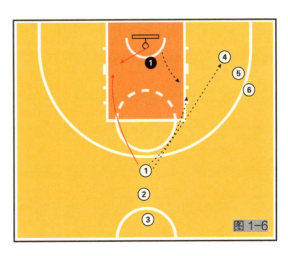

图 1-6

## ◎ 策应

　　策应是指进攻队员在前场或全场通过中间队员组织的接应和转移球的配合，以造成空切、绕切，以及掩护等进攻机会的一种战术。

　　策应配合通常是内线球员运用较多，策应时内线球员背对或侧对球篮接球后，观察队友跑位，再伺机传球。策应配合可以根据策应的区域和位置分为内策应、外策应、高位策应、底线策应等，其策应配合方法都基本相似。

### 策应配合的方法

#### → 中锋外策应

如图 1-7：②传球给①后，向左侧压切，然后以①为枢纽从右侧绕切，同时策应队友①先做传球给②的假动作，然后转身把❷挡在身后，将球传给绕切过来的②，②接球可以投篮、突破或传给策应后下切的①。

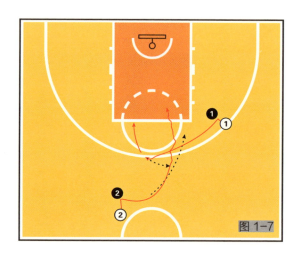

图 1-7

#### → 中锋内策应

如图 1-8：②传球给③，向右移动，与①在策应队员③身前做交叉绕切，③可将球传给绕切的①或②，也可自己转身进攻。

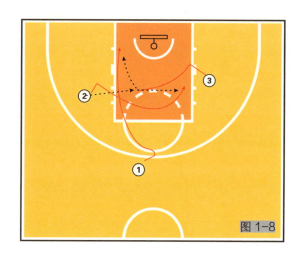

图 1-8

## 策应配合的基本要求

◆策应队员要突然起动摆脱对手，占据有利的策应位置，采用绕步抢前接球动作，接球时两脚开立，两膝弯曲，两肘外展，用身体保护球。准确判断场上的攻守变化情况，及时将球传给进攻位置最好的同伴或伺机进攻。传球后要转身跟进或抢篮板球。

◆外线的队员传球后，利用起动速度、绕切的弧度或假动作摆脱防守，接到策应队员的传球后迅速做出投篮、突破、传球的最佳选择。

## 策应配合的练习方法

如图 1-9：练习者分成两组，④、⑤、⑥持球，当①至罚球线时，④传球给①，然后向左侧虚晃，再从右侧绕切接①的球，①策应传球后转身下切，④可投篮、突破或传球给①，然后①、④交换位置，依次进行练习。

要求：策应队员不要站在限制区内，传球要隐蔽、及时、准确。

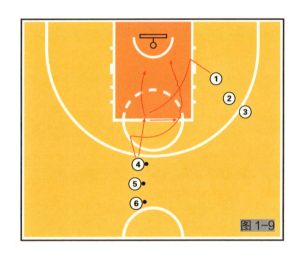

图 1-9

## ◎ 掩护

　　掩护是指进攻球员以合理的技术动作，用身体挡住防守自己队友的对手球员的去路，帮助队友摆脱防守、创造得分机会的一种进攻配合。掩护配合可以由无球队员给持球队员做掩护，也可以由持球队员给无球队员做掩护，或无球队员给无球队员做掩护。

　　掩护配合有许多形式和方法，根据掩护者和同伴防守者的身体位置和方向的不同，分为前掩护、侧掩护、后掩护三种形式。根据掩护者的人数、移动路线、方法和变化，可分为定位掩护、行进间掩护、反掩护、假掩护、进球掩护、连续掩护、双人掩护等。

　　虽然掩护的形式和变化很多，但从组成掩护配合的行动看，可以分为两种，一是掩护者主动给同伴做掩护，使同伴借以摆脱防守；二是摆脱者主动移动，利用同伴的身体位置将对手挡住，使自己摆脱防守。掩护配合是攻破紧逼人盯人防守的最为有效的方法之一。

## 掩护配合的方法

### → 前掩护

是掩护队员站在同伴的防守者前面，用身体挡住防守者向前移动的路线，从而使同伴借机摆脱防守的一种配合方法。

如图 1-10：②传球给①后，向篮下做切入动作，然后到❶前面做掩护，①可投篮或突破。

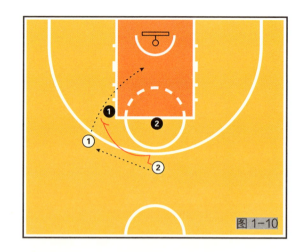

图 1-10

### → 侧掩护

是掩护队员站在同伴的防守者侧面，用身体挡住防守者的移动路线，使同伴借以摆脱防守的一种配合方法。

**徒手队员之间的侧掩护配合**

如图 1-11：②传球给①后，向传球的反方向移动给③做侧掩护时，③先向篮下做切入动作靠近❸，然后突然贴近❷的身体横切接①的球投篮。②掩护后转身切向篮下，接①的传球投篮或抢篮板球。这种掩护也称"反掩护"。

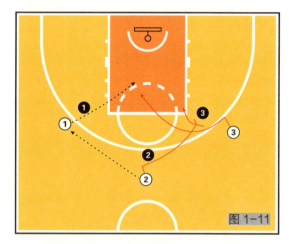

图 1-11

**持球队员与徒手队员之间的侧掩护配合**

如图 1-12：②传球给①后，移动到❶身体左侧做侧掩护，①接球后向左侧突破。当②掩护到位时，①立即从右侧贴着❷的身体运球突破上篮。②立即转身切向篮下抢篮板球或接球投篮。

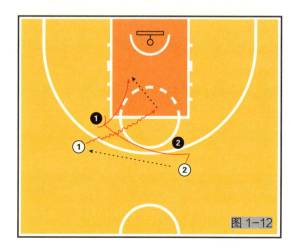

图 1-12

### → 后掩护

是掩护队员站在同伴的防守者身后，挡住他的移动路线，使同伴借以摆脱防守的配合方法。

如图 1-13：②传球给①，③到**❶**身后做掩护时，②先做横切假动作吸引**❶**，然后突然从左侧贴近③的身体切向篮下，③随之面向球横切，①将球传给②或③投篮。

## 掩护配合的基本要求

◆掩护时，队员的身体姿势要正确，距离要适当，动作要合理，行动要隐蔽。
◆被掩护的队员要利用假动作配合行动，当同伴到达掩护位置时，摆脱对手的行动要及时、突然、快速。
◆两人要配合默契，行动及时，并能根据情况变化及时应变，争取二次进攻。

## 掩护配合的练习方法

### → 侧掩护配合的徒手练习方法

如图 1-14：④将球传给①，①瞄篮或向左侧虚晃，当④掩护到位时，①突然向右运球突破或传球给④，①转身跟进，准备接回传球或抢篮板球。①、④交换位置，依次进行练习。

### → 后掩护配合的徒手练习方法

如图 1-15：①传球给③，②上提给①做后掩护，①摆脱后纵切篮下接③的球投篮，②掩护后横切或转身接③的回传球，或抢篮板球。①、②互换位置，依次进行练习。

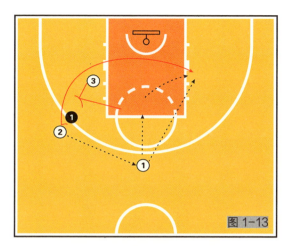

图 1-13

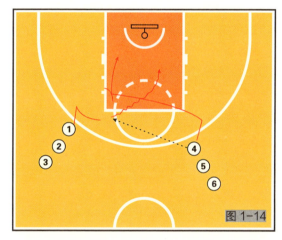

图 1-14

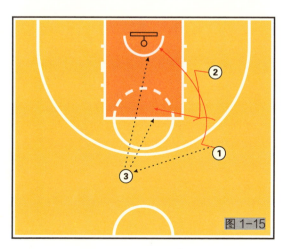

图 1-15

# **T**eam Tactics 全队战术配合

## ◎ 进攻人盯人防守

### 进攻半场人盯人防守

根据队员的身体条件、技术特点、战术素养来选择能够充分发挥本队特点的进攻阵形。最常见的进攻落位阵形有以下几种：

### 单中锋进攻的"2-3"阵形（见图1-16）

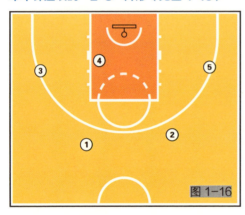

图1-16

### "2-1-2"阵形（见图1-17）

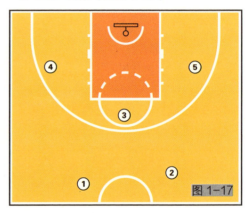

图1-17

### 双中锋进攻的"1-2-2"阵形（见图1-18）

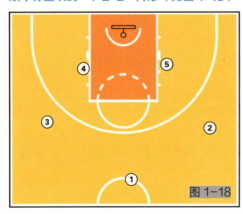

图1-18

### 无固定中锋的"1-2-2"阵形（见图1-19）

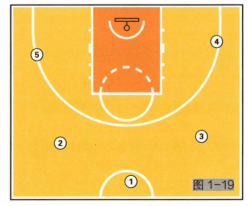

图1-19

中锋位于高策应区的"1-4"阵形
（见图1-20）

双中锋纵向站位的"1-3-1"阵形
（见图1-21）

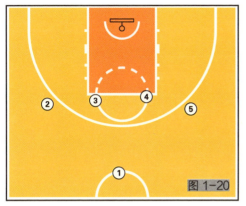

图 1-20

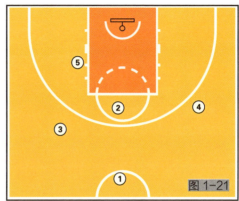

图 1-21

### → 通过中锋以掩护为主的配合方法

如图1-22：以"1-2-2"进攻阵形落位，①传球给②后，③上提与①做后掩护，②将球传给①后，①直接上篮。如果①没机会接球，②可将球传给③，①与④在底线做交叉掩护。④横切，①拉开，接③的球投篮，③也可个人进攻。

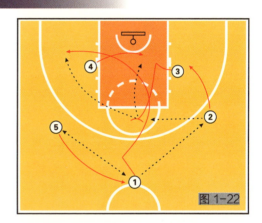

图 1-22

### → 通过中锋以策应、掩护、空切突分为主的进攻配合方法

如图1-23：以"2-1-2"阵形落位，①传球给③，①与②做侧掩护，然后以③为中枢做交叉策应，③可将球传给②，或传给掩护后横切的④，②接球后突破受阻可分球给⑤或④投篮，③在策应过程中，也可个人进攻。

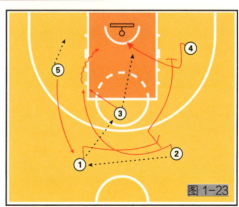

图 1-23

113

## → 掷前场界外球的固定配合方法

如图1-24：④给③做后掩护，④横切的同时与中锋队员②做定位掩护，然后切向篮下接①的传球投篮。①亦可将球传给④或②。

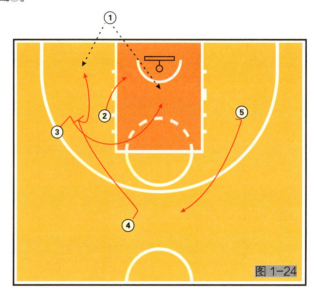

图1-24

## → 基本要求

◆思想上要有所准备，沉着冷静。

◆队员在场上要保持一定距离或分散队形，拉大防区以便各个击破。

◆根据双方情况，扬长避短，发挥自己的优势，有所侧重地组织进攻。

◆控球队员不要急于处理球，特别注意不要在边、角处停球，应积极组织队友运用传切、突分、掩护和策应等配合，争取局部突破，以打乱对手防守阵形，寻找战机。

## ☆训练方法☆

进攻半场人盯人的战术有许多，每个球队都能根据本队的特点和个人技术特长，设计若干种进攻配合方法。无论何种战术，从总体上说，训练的程序都是基本相同的。

## 进攻全场紧逼人盯人防守

进攻全场紧逼人盯人防守，要针对该防守战术个人防守面积大、队员分散、不利于协防的弱点；由守转攻时，要争取在对方尚未组成集体防守布局前迅速发动进攻，或合理运用进攻战术，破坏对方的防守，争取比赛的主动权。

### → 进攻全场紧逼人盯人防守的方法

**破紧逼**

如图 1-25：①掷界外球给②，③插中区接②的传球。③接球后若能直接传球给④或⑤则立即传球；若不能传则可运球突破，摆脱防守封堵后再传球给④或⑤。

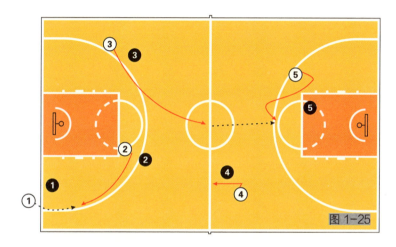

图 1-25

**进攻全场"2-2-1"区域紧逼**

如图 1-26：①掷界外球，②摆脱防守接①传球，②插中接③的传球。①传球后沿边线快下，②传球给①，①传球给④进攻，或传球给横插上来的⑤进攻。

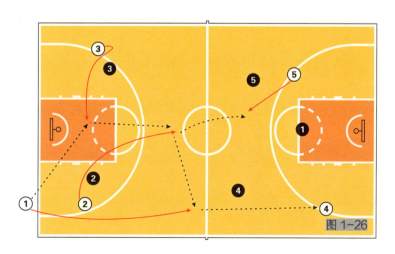

图 1-26

### 进攻全场"1-2-1-1"区域紧逼

如图 1-27：①持球，③摆脱❸防守，接①传球，同时④插中区准备接③的传球。②看到④接到球后，立即沿边线向篮下反跑切入，④则伺机传球给②上篮。若❺补防，④则传球给⑤上篮；如果④接球后传给⑤，则②迅速向篮下切入，以形成 2 打 1 局面。

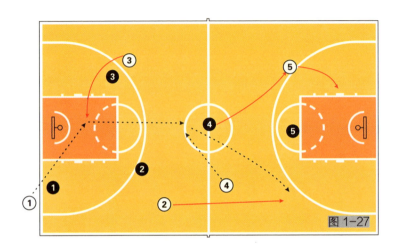

图 1-27

### → 基本要求

◆ 当对方紧逼时，全队要思想统一，行动一致，沉着冷静，伺机进攻。

◆ 争取在对方尚未形成紧逼攻势前快速组织反击，以打乱对方的防守部署。

◆ 持球队员不要盲目运球，不要在边角处停球；传球时，尽量少用长传球，多用短而快的传球。

◆ 注意进攻节奏。无球队员要积极移动，进行传切、策应、掩护配合，让对方在补防、换防时出现漏洞，形成以多打少的局面。

◆ 组织突破手进行突破，打乱对方的防守部署。

# ◎ 快攻

　　快攻是篮球比赛中最快、最直接的得分方法，比阵地进攻更具主动性。快攻有很多模式，可由2至5人组合而成，但人越多，组织而成的快攻就越复杂，且变化多端。快攻一般分为长传快攻、短传快攻、运球突破3种。

## → 快攻的方法

如图 1-28：球在②手中，①向边线侧身跑动，②传球给①，①传球给④，④传球给插中路接应的⑤。④传完球后，快速跑向场地另一侧，⑤接到球后，快速运球，与③、④形成3条线进攻。

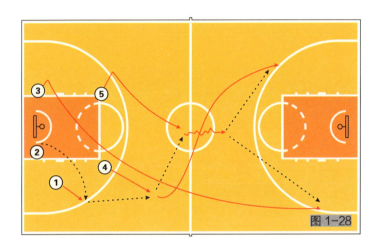

图 1-28

如图 1-29：掷界外球发动快攻。①得球后迅速抢发端线球给②，然后②快速跑向前场；②传球给插中的③之后，跑向另一侧，④从右侧快下，②、③、④形成3线快攻。

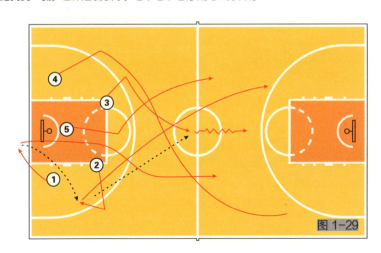

图 1-29

# ◎ 进攻区域联防

## "移动－空切－背插" 破 "3-2"

如图 1-30：①传球给③的同时，④向 3 分线拉出，接③传球。④接球同时，②向罚球线切入，⑤向篮下空切接球。如果②接到球，可跳投，也可传球给插入篮下的⑤；若⑤接到球则不能进攻，要将球传给移至边角的④投篮。

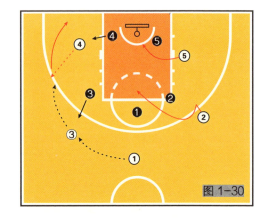

图 1-30

## "1-2-2" 破 "2-3"

如图 1-31：进攻球员 "1-2-2" 落位，①、②、⑤相互传球，吸引对方上前防守，①、②根据防守人位置果断投篮；①与②相互传球吸引防守，然后将球传给③，同时④向外拉出，③传球给插中的②（②接球后可以投篮或传给⑤）或④，⑤则溜底线或准备接②的传球进攻。

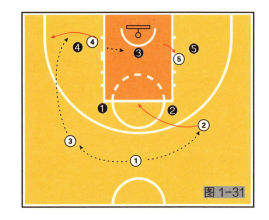

图 1-31

→ 基本要求

◆ 由防守转入进攻时，应首先争取快攻。趁对方立足未稳尚未组织好防守之时进行攻击。

◆ 根据对方区域联防队形，采用针对性落位队形，组织对对方防守薄弱地区的攻击。

◆ 运用传球移动，中远距离投篮等进攻技术。通过 "人动" "球动" 打乱对方防守队形。运用声东击西、内外结合、以多打少等方法，创造投篮机会进行攻击。

◆ 要积极拼抢篮板球，争夺二次进攻机会，同时还要保持攻守平衡，准备及时退防。

## "1-3-1" 破 "2-1-2"

　　主要是从底线突破分球，底角接应投篮；或从弧顶突破，前锋下切接应投篮。

如图 1-32：进攻开始，②传球给⑤，⑤接球后，沿底线突破，在投篮受阻时，将球传给同步下切的③投篮，或分球给①篮下投篮。

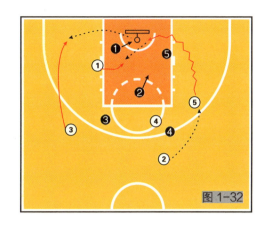

图 1-32

## "1-3-1" 破 "对位联防"

如图 1-33：①将球传给④的同时，⑤溜至底线或向限制区横切，③则向底线切，④可传球给⑤或③投篮；也可将球传给②，⑤则溜底线接②的传球。当❶上前补防时，④则向篮下切入，接⑤的传球上篮。

图 1-33

# ◎ 进攻混合防守

　　根据混合防守的形式和特点，利用防守的矛盾，针对其薄弱环节，结合本队具体情况所组织的相应的进攻战术。其特点是：部分队员采用进攻人盯人的办法，部分队员采取进攻区域联防的办法，并把两种方法有机地结合起来，通过掩护配合和人与球的转移，让对手产生防守漏洞，加重对手局部防守负担，从而为己方创造进攻机会。

## → 攻混合防守的原则

◆ 当对方采用混合防守战术，人盯人防守队员人数多时，可采用以进攻人盯人防守为主的进攻配合。

◆ 若对方采用混合防守战术，且区域联防人数多时，部分队员除采用进攻区域联防为主的进攻配合外，还要有目的地为被盯住的队员做各种掩护，从而使其摆脱防守，获得良好的进攻机会。

◆ 在进攻人盯人和区域联防的配合中，要充分发挥局部配合的能力。

## → 攻混合防守的方法

**示例一：** 进攻一盯四联防：进攻这种混合防守时，被盯的队员在侧面或篮下落位，以牵制对手；如果在中间落位，则不利于球的转移，从而影响左右侧的进攻。另外，被盯的队员要有目的地利用同伴的掩护或给同伴做掩护，以创造有利的进攻机会。

**示例二：** 进攻两人盯人、三人联防的混合防守：进攻时，被盯的两人最好落位于同侧，便于相互掩护，同时也利于其他队员落位在另一侧，有效地组织进攻区域联防。

## → 战术要点

◆ 应积极争取快攻。即获球后，趁对方尚未退回半场防守和完成防守阵形部署时，迅速进行攻击。

◆ 要针对不同的混合防守形式，采用相应的进攻阵形和配合方法。

◆ 有目的地为本队被盯住的队员做掩护，使其摆脱防守，发挥进攻威力，破坏和瓦解对方的防守。

# ◎ 固定战术配合

　　随着现代篮球运动的发展，篮球比赛攻、防对抗日益激烈，在一场比赛中，往往到最后几秒钟还无法决出胜负，因此，加强固定战术配合的教学与训练，重视在比赛中利用发界外球、跳球和罚球等机会，组织固定战术配合展开攻击，对掌握比赛的主动和扭转比赛的战局都会起到积极的作用。

　　固定战术配合具有进攻速度快、时间短、队员战术意图明确，便于充分发挥队员的进攻特长和有组织地转入阵地进攻等优点；缺点是队员落位固定，配合行动欠灵活，若被对方识破，则无法顺利完成配合。

　　固定战术配合的形式可根据运用配合时机分为中圈跳球、发界外球和罚球几种。

◆中圈跳球时的固定战术配合。中圈跳球配合运用于上、下半场比赛开局或在中场附近争球等情况。它是打好开局、先发制人的重要战术手段。中圈跳球时固定战术配合的关键，是跳球队员有把握将球打给同伴队员，其他队员迅速抢位和按预定配合位置分散。

◆发前场界外球时的固定战术配合。由于现代篮球比赛中防守能力的普遍提高和对球争夺的日益激烈，发界外球的机会增加很多，因此，加强发前场界外球固定战术配合的训练，提高运用能力和成功率，对争取比赛的主动权有着重要的意义。掷前场界外球时，队员要按配合队形迅速就位，并以事先约定的信号，五人协同组成战术性移动，配合行动要快速、有节奏。

◆罚球时的固定战术配合。罚球时的固定战术配合分为本队罚球配合和对方罚球配合两种。抢获篮板球是组织罚球固定战术配合的前提。

◆最后几秒钟的固定战术配合。在一场双方实力相当的比赛中，胜负往往在比赛的最后时刻才能分出。因此，当比赛还剩下几秒钟，而两队平分或落后一两分时，要抓住战机，组织一次有效的固定配合，对最终赢得胜利是至关重要的。

# Defensive Tactics
# 三、防守战术

# Basic Tactics 战术基础配合

## ◎ 挤过

挤过是破坏掩护配合的方法之一。当对方掩护时，防守队员要在掩护队员接近自己时迅速向前跨出一步，靠近对手，从两个进攻队员之间侧身挤过，继续防守自己的对手。防守掩护的队员应及早提醒同伴并后撤一步，以备补防。

### → 挤过的方法

如图 1-34：②给①做掩护，当②接近❶的一刹那，❶抢前横跨一步贴近①，并从①和②之间主动侧身挤过去继续防守①。

### → 基本要求

◆挤过时要贴近进攻队员，上前抢步要快。
◆防守掩护者的队员要提醒同伴并选择协防的有利位置，密切注意两个进攻队员的行动，及时做好补防的准备。

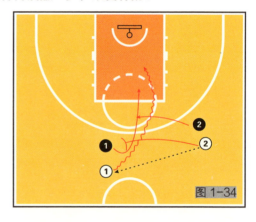

图 1-34

### → 练习方法

如图 1-35：①传球给⑤，①移动至底线给②做掩护，❷挤过防守。⑤将球传给②。进攻结束后，❶、❷抢篮板球，换位至排尾，①、②立即回原位防守③和④，依次进行练习。

要求：必须采用挤过防守，加快攻守转换速度。

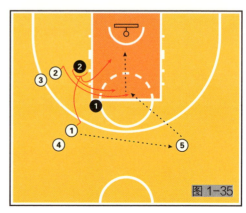

图 1-35

# ◎ 穿过

当进攻队员进行掩护时，防守去做掩护队员的人要及时提醒队友，并主动后撤一步，让队友及时从自己和掩护队员之间穿过去，继续防守自己的对手。

当对方的掩护发生在弱侧区域，距离篮筐较远，又无投篮威胁，且不宜换防的情况下，运用穿过配合可有效地破坏对方的掩护配合。

## → 穿过的方法

如图 1-36：①传球给②，当①反方向移动给③做掩护的一刹那，❶主动后撤，让❸从①和❶中间穿过去，继续防守③。

## → 基本要求

◆防守掩护队员要及时提醒队友，并主动后撤一步选好位置，留出让同伴穿过的通路。

◆当对方掩护时，防守被掩护者的队员要撤步侧身，避开掩护队员，使其及时穿过。

图 1-36

## → 练习方法

如图 1-37：①传球给③，然后去给②做掩护，❶后撤与②做穿过配合，继续防守自己的对手，完成防守后，抢篮板球换位至排尾，进攻队员①和②快速回位防守❹和❸。依次进行练习。

要求：必须采用穿过防守，加快攻守转换的速度。

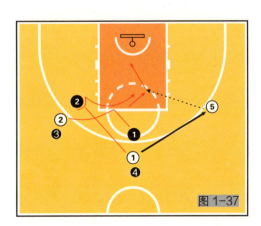

图 1-37

## ◎ 绕过

　　绕过也是破坏掩护的一种方法。当进攻队员掩护时，防守掩护者的队员贴近对手，让同伴从自己的身后绕过，继续防守自己的对手。这种方法一般在对方无投篮威胁时运用。

### → 绕过的方法

如图 1-38：①给③做掩护，③向篮下切入，③则绕过❶和①，篮下移动追防③，抢断②的传球。

### → 基本要求

◆ 如果对方是有球队员之间掩护时，绕过的防守队员不要过早堵向一边；如果对方是无球队员之间掩护时，绕过的队员可以向有球方向抢前一步，不让对手及时接球。

◆ 防守掩护者的队员一定要及时通知同伴。

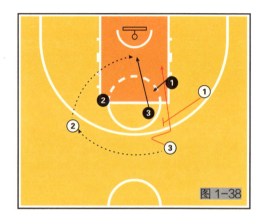

图 1-38

不管对手如何对你犯规，如果你用犯规回击，就证明你无法用球技击败对手。

124

# ◎ 交换

交换配合是指进攻队员利用掩护已经摆脱防守时，防守掩护者的队员及时发出换防的信号，与同伴互换各自的对手，在适当时候再换防回原来的对手。这是破坏掩护配合的一种方法，通常在对方进行横向掩护时采用。

如果换防以后的新对手在身高和技术方面无明显的差别，运用交换配合可有效地扼制和破坏对方的掩护配合。

## → 交换的方法

如图 1-39：②将球传给①，②给①做侧掩护，①运球突破。此时②发出交换防守信号后立即防守①，❶随之后撤调整位置，堵住②的切入，并准备抢断①的传球。

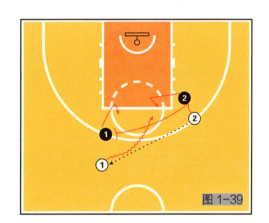

图 1-39

## → 基本要求

◆交换防守前，一般是由防守掩护者的队员主动提示同伴。
◆换防时，动作要果断、快速。
◆在适当的时候要换回来，防守各自原来的对手，以免在个人力量对比上失利。

## → 练习方法

如图 1-40：②传球给⑤，然后移动到左边给①做横向的底线交叉掩护时，❷及时发出信号与❶交换防守，⑤可将球传给①或②，进攻结束后①和②立即回原位防守③和④。依次进行练习。

要求：防守掩护者的队员必须发出信号，通知同伴进行交换配合，攻守转换速度要快，加大练习强度。

图 1-40

125

## ◎ 夹击

　　夹击配合是指两个以上的防守队员，利用对手在场地边角运球或运球停止时，突然快速上前封堵和围夹持球者的一种防守配合方法。它是一种主动性、攻击性很强的防守配合方法，能有效地控制持球队员的活动，迫使对手失误，创造断球反击的机会。通常在紧逼人盯人防守、区域紧逼防守，或带有夹击式的扩大联防战术中运用。

### → 夹击的方法

如图 1-41：当②在底角运球停止时，②与⑤一起夹击②，②堵防强侧的回传球，③与④向有球方向移动准备断球。

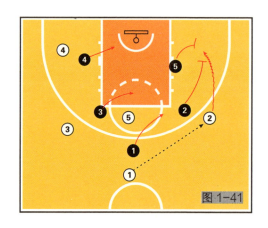

图 1-41

### → 基本要求

◆ 当对方运球停止或持球队员处于各个场角时，要果断夹击并积极挥动手臂，封阻其传球路线。

◆ 不要盲目抢、打球，尽量避免不必要的犯规。

◆ 其他队员应积极配合夹击队员的行动，及时封堵近球队员，迫使持球队员传远球、高球。

### → 练习方法

如图 1-42：①传球给②，②传给③，③向底线运球停止后，②与③夹击③，①及时防守近球队员②，③传球给①，防守回原位。依次进行练习。练习数次后，调整防守位置或攻守交换。

要求：严格执行夹击配合的基本要求，快速移动紧逼持球队员。

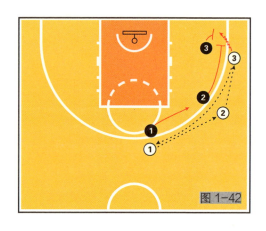

图 1-42

# ◎ 补防

　　补防是指在比赛中，当本队一名防守队员失去位置，对方进攻球员持球突破且有直接得分的可能时，邻近的另一名防守球员立即放弃自己的防守对象，去防持球突破的进攻者的一种配合方法。补防可以阻截一次直接的投篮或减少一次最有进攻威胁的机会，在篮球竞赛中经常被采用。

## → 补防的方法

如图1-43：当①突破❶的防守直接投篮时，❷大胆放弃自己的对手，快速补防，阻止①的进攻，❶向左侧移动防守。

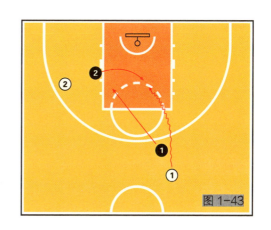

图1-43

## → 基本要求

◆动作迅速，补防应果断、及时地抢占有利位置，避免犯规。
◆被对手突破的防守队员应快速向补防队员方向移动，并观察对方的传球意图，争取抢断球。
◆协防队员注意观察场上情况，及时调整位置，随时补防。

## → 练习方法

如图1-44：①从中路突破❶时，❷立即补防①，❸向篮下移动补防②，❶补防③，完成防守后，❷抢篮板球，防守队员按顺时针方向换位至排尾，进攻队员立即回原位防守。依次进行练习。
要求：补防时要迅速移动、减少犯规。

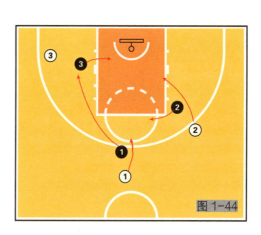

图1-44

## ◎ 围守中锋

围守中锋配合是指为削弱中锋在内线进攻的威胁，外围防守队员协同内线防守队员防守对方中锋的一种配合方法。

### → 围守中锋的方法

如图1-45：①持球时，❶紧逼防守①，❸位于③的外侧防守，❷后撤，与❸围守③。②持球时，❷紧逼防守②，❸移动至内侧防守③，❶后撤与❸围守③。当②或①传球给③时，❷、❶迅速后撤围夹③。

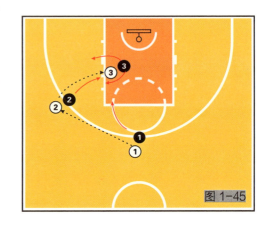

图 1-45

### → 基本要求

◆提高中锋个人防守的能力，要尽量减少中锋接球的机会。防守中锋的队员要积极移动阻截对手接球，外围对持球者进行紧逼，积极干扰其向中锋传球。

◆邻近球和中锋的防守者，在防好对手的同时要注意协同其他人围守中锋。当对方中锋接到球时，应迅速进行围夹，阻止对方进攻，迫使对方中锋将球传至外围。

### → 练习方法

如图1-46：❷紧逼防守持球队员②，❶内侧防守①，❸后撤围守①，❹移动至篮下附近，防止②的高吊球，当②传球给③时，❸紧逼③，❶外侧防守①，❷后撤围守①，❹错位防守④。④持球时❹紧逼防守，❶、❷、❸向强侧方向移动，并错位防守各自对手。练习数次后攻守交换。

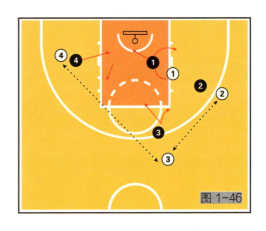

图 1-46

# Team Tactics 全队战术配合

## ◎ 人盯人防守

### 半场人盯人防守

在人盯人防守中，运用最多的是半场人盯人防守战术，它是由攻转守时全队迅速退回后场，盯住自己的对手，是一种积极的防守战术。半场人盯人防守又可根据对手的情况和本队队员的防守能力来适时采用半场缩小人盯人防守或者半场扩大人盯人防守。

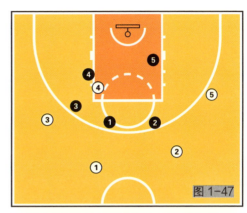

图 1-47

### 半场缩小人盯人防守战术

#### → 强侧、弱侧的防守方法

如图 1-47：③持球时，❸紧逼③，❹在内侧侧前防守④，❶紧逼防守①，❺回缩篮下以防③的高吊球及⑤的横切等。❷可适当强侧靠拢。

如图 1-48：如果弱侧队员②接球，❷紧逼②，❹侧前或绕前防守④。❶错位防守①并准备协防。弱侧的❸向中锋一侧靠拢，保护中锋。❺错位防守⑤的接球或空切篮下。

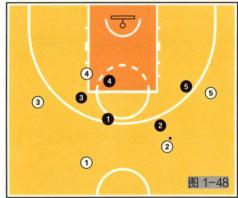

图 1-48

#### → 防中锋进攻的配合方法

如图 1-49：①持球时，❶紧逼①，❷绕前防守中锋②，❸回缩篮下防①的高吊球，如果②接到①的高吊球，❸必须与❷围夹②，迫使②将球传出。❺回缩篮下防止③空切，❹准备抢断②的传球。

图 1-49

## 半场扩大人盯人防守战术

**示例一：** 如图 1-50，当④在底线场角被迫停止运球时，❶协同④在底角夹击④，❺移动到强侧紧逼防守①，并准备断④的传球，❸向纵轴线附近移动，同时防守③和⑤向篮下切入以及随时准备抢断④的传球，❷向篮下移动防堵②横切。

图 1-50

**示例二：** 如图 1-51，当①在中线边角被迫停球时，❸果断放弃防守③，与❶协同夹击①，此时，❹积极向③移动补位，准备断球，❺向篮下回缩，准备抢断①的传球。

图 1-51

## "1-3-1" 队形的半场人盯人防守战术

进攻站成"1-3-1"队形。"1-3-1"进攻队形最具代表性，一个核心后卫、一个右前锋、一个左前锋、一个小中锋、一个大中锋，它需要的各个位置上的人都有，在此基础上可以转化成各种进攻队形。如果小中锋往下撤，就变成了"1-2-2"队形，如果大中锋上提至罚球线，就变成了"1-4"队形，如果小中锋上提至3分线，就变成了"2-3"队形。所有这些队形都是从"1-3-1"队形转化而来的，它的配合规律基本相似。所以我们要学会"1-3-1"队形的人盯人防守。第一个要求是防持球的人向边线压，第二个要求是罚球线不准接球、45°不准接球，让球远离进攻区。

## → 运用时机

◆当对方体力不佳或企图消耗对方的体力时。

◆突然改变战术，让对方措手不及。

◆为了扩大战果或者在有限的时间内挽回败局。

◆对方属于比赛经验欠缺和控球能力较差，而中远距离投篮较准的球队。

◆利用球队身材矮小，但速度快、灵活性好的队员，紧逼对方的高大队员。

## → 基本要求

◆由攻转入守时，全队思想、行动要一致，要有压倒性的气势，要迅速分工，紧逼各自的对手，在全场范围内积极展开防守。

◆每个队员要抢占有利的位置，紧逼自己的对手，人球兼顾，积极阻挠对手移动、接球、运球、投篮等进攻行动，并进行严密控制，从而使对手变得被动或出现失误、违例。

◆全队要互相呼应，前后、左右照应，充分利用堵截、夹击、换防、补防等配合，及时破坏对方的进攻配合，要近球紧逼、远球稍松。

◆防守无球队员时，以控制对手接球为主，要及时抢占有利的防守位置和距离迫使对手向远离球的方向移动。当同伴被突破时要果断地进行堵截和补防。

◆防守运球的队员，首先不让对方突破，若被对方突破，也要尽量做到"防中放边"，迫使对手沿边线运球并在边角制造夹击机会。防掩护配合时，力争抢过和穿过防守，尽量减少交换防守。

◆要设法诱使对手长传或高吊球以制造抢断机会。

# "2-3" 队形的半场人盯人防守

即两个后卫、两个前锋和一个大中锋，说明外线比较强，因此，防守要注意防后掩护、防空切、防策应、防中锋在罚球线一带接到球而做好策应。

对"2-3"进攻阵形的防守也是半场人盯人防守的重要内容之一，在对"2-3"进攻阵形防守中，首先应该注意的问题是，当球处于进攻方的右侧时，在本方左侧的防守中，要尽量避免对方右前锋在发球线一带策应点下接球，当对方进行后掩护战术配合时，可采用抢过、换防和假换防的方法破坏对方的掩护。对"2-3"进攻阵形的第二个防守原则是，在本方右侧的防守中，要注意对方利用中锋的定位掩护做两名无球队员的交叉空切，防止对方攻击队员在限制区的危险地带接到球。对"2-3"进攻阵形的第三个原则是，当中锋上提时，要尽量不让中锋在罚球线一带接到球，以减少对方中锋策应配合的机会，当对方将球由右侧转移到左侧，并将球传给中锋时，弱侧同伴要及时协防，迫使对方中锋将球传给处于威胁较小区域内的进攻队员，并快速轮转补防。

# 全场紧逼人盯人

全场紧逼人盯人防守战术是在由攻转守时，防守队员在全场范围内各自紧逼自己对手的一种攻击性较强的防守战术，它要求防守队员在全场始终紧逼自己的对手，积极阻挠对手，破坏对方集体配合，造成对方打法紊乱，为本队争得比赛的主动权。

**这种战术的优势包括：**

◆能从气势上压倒对方，造成对方心理压力和失误违例等，为本队防守反击创造机会。

◆充分利用场地面积与对方展开时间与空间的争夺，有利于发挥速度、灵活性，在全场范围内积极进行抢断，迫使对方不能发挥他们的优势。

◆主动提高比赛的强度，加快攻守转换的速度，切断对方的内外联系并破坏对方的习惯打法。

由于全场紧逼人盯人防守战术是在全场范围内与对手展开争夺，因此，根据对手进攻时队员所处的位置和紧逼人盯人防守时不同的区域有不同的任务和要求，可把场地划分为前场、中场和后场三个区域。

## 前场紧逼人盯人的防守方法

前场防守是全场紧逼人盯人防守的第一道防线，要求队员由攻转守时，有目的地尽快找到自己的防守对手实施紧逼防守，造成对方的失误和违例。

### 一对一的紧逼方法

如图1-52：①掷端线球，❶紧逼①，挥臂封堵传球，延缓发球时间，❷和❸紧逼接应队员②和③，❹、❺积极堵截对手的接球路线，迫使①传球失误或5秒违例。

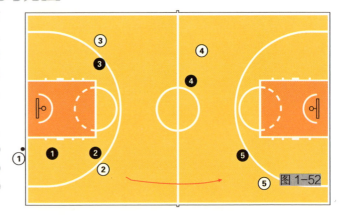

图 1-52

## 夹击强侧接应队员的紧逼方法

如图1-53：❶放弃对①的防守，与❷一起前后夹击强侧接应队员②，❸紧逼③，防止③接一传或插上接二传。❹、❺分别紧逼防守④和⑤，严防接长传球或上提策应。

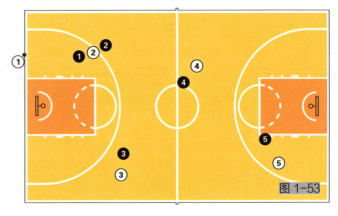

图 1-53

### 中场紧逼人盯人防守方法

当进攻队员进入中场时，防守队员应积极组织防守，破坏对方的进攻配合，控制对方的进攻速度，对持球队员采用"堵中放边"的防守策略，对无球队员严防插中接应、掩护、策应等，迫使球停在中线边角外，为防守队员的夹击、抢断创造条件，使对方在慌乱中出现失误或违例。

### 后场紧逼人盯人防守方法

当进攻队员将球推进到后场时，防守者应按照半场扩大紧逼人盯人的防守方法进行防守。

## 全场区域紧逼人盯人防守

全场区域紧逼人盯人防守是指由进攻转为防守时，按一定防守阵形分区落位，防守时以球为主，造成有球地区以多防少，进行夹击、断球。布阵时分为全场或半场或 3/4 场和 2/3 场的防区落位。

### "1-2-2" 队形

**优点是前后场防守较强，但中区较弱。**

如图 1-54：①持球，❶上前紧逼，防其突破，特别是中路突破；②如果上前接应，❷则要跟随迫使其停球，并与❶共同夹击；❺及时补防③；❹则向篮下移动，防守④、⑤，并随时准备断掉传向④、⑤的球。

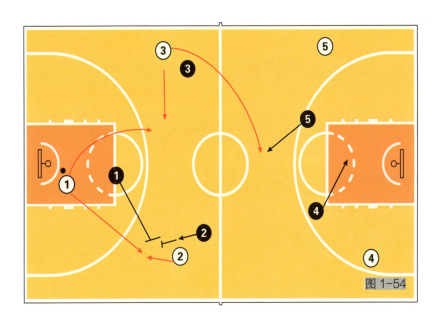

图 1-54

## "1-2-1-1" 队形

这是第一线和中区防守力量较强的队形，可有效防止对手从正面和中区向篮下推进。

如图1-55：①持球时，❶积极干扰其高吊长传球；❷迫使②在边线附近接球，❶与❷夹击②；当①发出界外球进场后，❸即要侧前防守，阻止其接球；如果③上前接球，❹则上前阻截；❺要根据④、⑤的位置及时调整自己的站位，进行以1防2，并伺机断球。

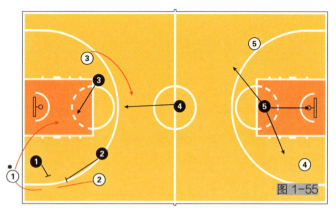

图 1-55

## "2-1-2" 队形

优点是既可加强两侧防守，又兼顾了中区；弱点是正面和篮下位置防守力量较弱。

如图1-56：①球员传球给②，❶上前积极防守，与❷夹击②；❸防③，❹防④，❺兼防④与⑤，保护后场。

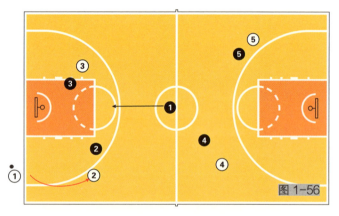

图 1-56

## "2-2-1" 队形

优点是前场、中线附近地方防守力量强；弱点是后场防守力量薄弱。

如图1-57：当①传球给②后，❶及时上前防守，❹防守③，❷防守掷完界外球进场的①；❸则向中间移动，❺注意防守④向篮下反跑，兼顾控制⑤接球。

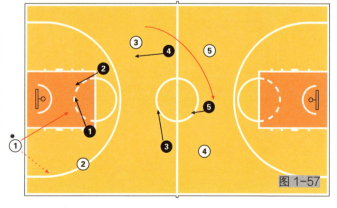

图 1-57

## ◎ 防快攻

欲防快攻，首先应从提高进攻成功率方面着手，减少不必要的失误。投篮不中，要积极冲抢篮板球，力争二次进攻机会。若对方抢到篮板球，应立即转入防守，及时堵截第一传和接应，在有序的退守中"堵中间，卡两边"，在中场堵截，破坏进攻节奏，争取抢断球，最大限度地降低对方发动快攻的次数和成功率。

图 1-58

**防守快攻的基本策略与要求：**

◆进攻时减少失误与违例，提高投篮命中率，并注意攻守平衡。

◆当对手进行快攻时，防守要边堵截边后撤，以阻挠对手的传球与运球，减慢其推进速度，赢得从容进行阵地防守的时间。

◆防快攻结束，1防2时要占据有利于兼顾的防守位置，有策略地干扰对手进攻。2防3时，要能够做到分工明确，对有球队员要严加控制，不让其轻易切入篮下，对无球队员则协同防守，保持合理的"人球兼顾"位置。如图1-58、图1-59、图1-60所示，共有3种不同的"2防3落位"形式。

图 1-59

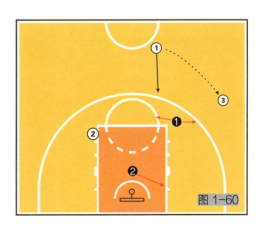

图 1-60

## ◎ 区域联防

### "1-3-1" 联防

　　优点是加强了正面、罚球区和两侧的防守，有利于分割进攻队员前、后、左、右之间的联系，造成进攻队员之间传球的困难，有利于防止正面、罚球区和两侧的投篮和抢篮板球发动快攻；弱点是两个50° ~ 70°角区、底线，及两个场角是防守的薄弱区域。

如图1-61：当②接球时，❷防②的投篮和运球突破。❶向下移动协助❷防守②。当④向场角移动时，❹向场角移动防④，❺防⑤溜至底线，❸防③向篮下空切。

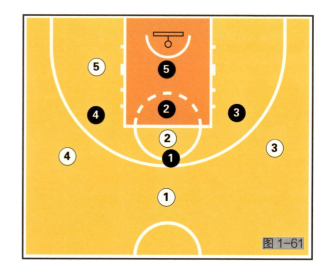

图 1-61

如图1-62：①传球给③，③迅速上去防③，❶稍向下移动，协助❷防守，❷站在②侧后方，切断③与②的传球路线，并防止②向篮下空切。

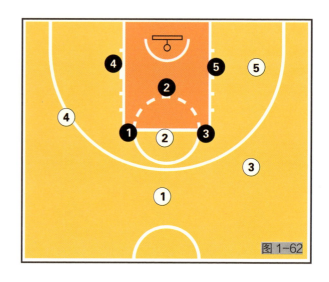

图 1-62

## "2-1-2" 联防

　　优点是队员分布比较均衡，移动距离近，便于相互协作、控制篮下，有利于抢篮板球和发动快攻；缺点是 3 分线的正面、30°～45°角区，及篮下是防守的薄弱区域。

如图 1-63：当③投篮时，④、⑤、❷在篮下形成三角包围圈，准备抢篮板球。

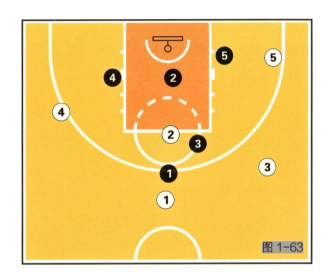

图 1-63

如图 1-64：❺站在⑤的内侧前方，切断③与⑤的传球路线，阻止⑤接球。④稍向限制区移动，既要协助防守篮下，又要堵④的背插，还要准备抢断③传给④的横传球。

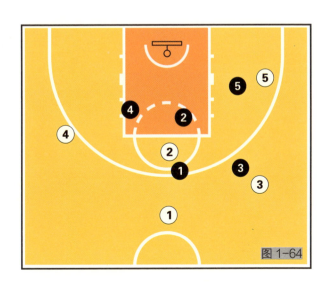

图 1-64

## 2-3 联防

优点是加强了篮下和底线的防守，有利于抢篮板球；缺点是正面及 35°～45°角区是防守的薄弱区域。

如图 1-65：在防守时，应由离球较近的队员上去防守，❹上去防③，❸向罚球线的中间移动，防止①空切。

图 1-65

如图 1-66：❷站在⑤的前面，切断③与⑤的传球路线，❺站在⑤的侧后方，防止③传给⑤高吊球。

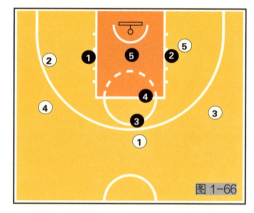

图 1-66

如图 1-67：❶站在②内侧，防止②向罚球区空切。

图 1-67

## "3-2" 联防

这种防守队形的优点是加强了外围防守，有利于防守外围中、远距离投篮和抢断球发动快攻；缺点是不利于防守两个场角的中远距离投篮和篮下进攻，也不利于抢篮板球。

如图 1-68：当④持球时，④防④，③斜插到异侧场角，准备接④的球，进攻队形由"3-2"变为"2-3"，在底线造成以多打少时，防守队员③应堵截③的斜插，延误其接球的配合时机，然后，③、⑤、②按顺时针方向轮换，②防③，⑤防②，③防⑤，①向下移动，防止①向篮下空切。

图 1-68

# The Unique Skills of the Basketball Super Stars

The Unique Skills of the Basketball Super Stars

在众星闪耀的 NBA，汇集了世界上最顶尖的篮球运动员："小飞侠"科比、"小皇帝"詹姆斯、"小巨人"姚明、"答案"艾弗森、"绿巨人"加内特、"死神"杜兰特……他们个个身怀绝技，在赛场上自由驰骋，如入无人之境。本章为你全方位解析超级巨星们的绝杀秘技，只要学以致用，你也能变身篮球场上的耀眼明星。

PART 5

超级巨星教你打篮球

# LeBron James
## 一、勒布朗·詹姆斯

## ◎ 个人资料

**全名：** 勒布朗·瑞蒙·詹姆斯

**绰号：** "小皇帝"

**国籍：** 美国

**出生地：** 俄亥俄州阿克伦城

**生日：** 1984 年 12 月 30 日

**身高：** 206 厘米

**选秀：** 2003 年以状元秀身份加盟骑士队，2010 年加盟热火队，2014 年回到骑士队，2017 年转会湖人队

**现效力球队：** 洛杉矶湖人队

**位置：** 除中锋外的任何位置

**球衣号码：** 23 号（骑士、湖人）、6 号（热火）

## ◎ 主要荣誉

★ 3 次 NBA 总冠军

★ 1 次 NBA 总决赛 MVP

★ 8 次 NBA 东部联盟冠军

★ 4 次 NBA 常规赛 MVP

★ 3 次 NBA 全明星赛 MVP

★ 15 次入选 NBA 全明星阵容

★ 1 次 NBA 常规赛季平均得分王

★ 12 次入选 NBA 第一阵容

★ 5 次入选 NBA 最佳防守第一阵容

★ 1 次 NBA 最佳新秀

★ 1 次入选 NBA 最佳新秀第一阵容

## ◎ 撒手锏

大力扣篮、背身单打、传球、抢断、突破

## ◎ 技术分析

勒布朗·詹姆斯，曾身披 23 号战衣，因曾是克里夫兰骑士队的领导者，所以也俗称"小皇帝"，也有人叫他"小国王"。在 BILL SIMMONS "最不能被交易榜"名列第二，同时也是交易价值最高的人。拥有超龄的成熟心智和霸道的身体素质，超凡的运动能力和出色的力量，在场上无所不能。联盟中绝对的全明星级球员，招牌动作——突破战斧式暴力美学扣篮——已经无人不知无人不晓；除此之外，詹姆斯的背身单打在联盟中也仿佛是一个无解的谜，没人能阻止他的进攻；凭借超级优秀的身体素质，詹姆斯在防守端更是球队的一大利器，追身钉板大帽是家常便饭；而这样一个大个子、大块头，却依然像灵巧的后卫一样拥有华丽的传球助攻、突破等招式，神出鬼没的传球，往往令对手防不胜防。而他一旦启动脚步向篮下突破时，留给对手的只有三个结果：要么让他得分，要么犯规，要么让他打出不可思议的"2＋1"。

**Yao Ming**

**二、姚明**

## ◎ 个人资料

**全名：** 姚明

**昵称：** "小巨人""明王朝""移动长城"

**国籍：** 中国

**出生地：** 上海

**生日：** 1980 年 9 月 12 日

**身高：** 226 厘米

**选秀：** 2002 年第一轮第 1 顺位被火箭选为状元秀

**原属球队：** 休斯敦火箭队、CBA 上海东方大鲨鱼

**位置：** 中锋

**球衣号码：** 11 号（火箭）、13 号（国家队）

2011 年 7 月 20 日，正式宣布退役

## ◎ 主要荣誉

★ 7 次入选 NBA 全明星首发阵容

★ 1 次 NBA 西部月最佳

★ 4 次 NBA 西部赛区周最佳

★ 1 次 NBA 新人第一队

★ 2 次获得 NBA 西部赛区月度最佳新人

★ 1 次 ESPN 全球最有潜力运动员奖

★ 1 次劳伦斯世界最佳新秀奖

★ 2 次被美国《时代周刊》评选为年度"世界最具影响力的 100 人"

★ 1 次 NBA 运动员精神奖

★ 2011 年，中国篮球协会授予姚明"中国篮球杰出贡献奖"和"中国男篮终身荣誉队员"称号

★ 2012 年 2 月 19 日，亚洲篮球协会为其颁发"最有远见的年度人物"奖项

## ◎ 撒手锏

小勾手、中距离投篮、背身单打、封盖

## ◎ 技术分析

姚明被公认为是 NBA 最全面的中锋之一。他的身高是一个显著的优势：他可以轻松地从防守队员头上投篮，他可以在 6 米外精确跳投（在 CBA 时期和 NBA 时期他都曾投进过 3 分球），但是他的投篮主要集中在距离篮筐 3 米的范围内，通过勾手投篮、转身投篮和灌篮得分。他的罚球命中率高达 80%，在联盟中锋中属佼佼者。他甚至可以自己运球到中场。并且作为一个高个球员，他的篮球基本功和传球技能相当优异，球场视野和赛场感觉十分出色。他的投篮命中率是令人印象深刻的，在 2004 ~ 2005 赛季，他的投篮命中率在全联盟中排名第三。

下面就让我们来学习姚明的必杀技吧。

### 内侧转身后强打篮下

首先，这记内侧转身在于姚明有很扎实的功底。其实这就和后转身没有什么大区别，而后转身可以说是中国中锋的特色，巴特尔也将这一技术演绎得出神入化——这记动作具有速度快、力量足的特点，所以一般的人都很难防守；再者，他有着显著的身高优势，任何人都会面临高度、力量还有速度的三度冲击而无计可施。

☆破解招式☆

既然一般的中锋不行，就在速度上下功夫。先让一名小个子顶住姚明，其他人注意协防。因为在整个过程中，只有运球这一环节稍微有点不连贯，所以就要趁这个机会将球抢走。

### 外侧转身后左右勾手

这一招完全是姚明进入 NBA 后苦心修炼而成的，在 CBA 时期很难看到姚明有这样的进攻方法。这种进攻手段是典型的中锋动作。在姚明勾手的时候，往往会有一只手顶着对手，使对手不易靠近，然后靠着身高用手腕将球勾进篮筐。

☆破解招式☆

防守队员要尽量向外顶（注意不要犯规），用身体冲撞，让姚明投篮时感到下肢的压力，就可以影响姚明的准头；另外，手要伸高，即使够不到篮球，也要尽可能遮住他的脸。

## 后撤步中投

中投是中锋的特色之一，"小巨人"也是在成长过程中练就了良好的手感。其实这一招是姚明真正的招牌动作，他利用自己的身高和身体的柔韧性后仰跳投，几乎没有人可以对他产生压力，即便是像加内特这样的大前锋来防守也不一定能成功。

### ☆破解招式☆

姚明已经将这种动作练得炉火纯青，但是仍然有破绽可寻。在防守这记动作时首先要跟住他的步伐（注意他是往哪边转），也就是说要紧贴姚明，让他在出手前感到不适，这样你的目的就达到了。

## 传球

"传球"，小小两个字，却有丰富的内涵，通过配合进球能提高球队的士气，也就是所谓的 team work。姚明除了自己的进攻能力之外，还有一手传球的功夫，这就是防姚明的难处。还记得雅典奥运会上姚明的那记头后妙传吗？当对手看到这样一个无所不能的中锋时，难道不会震惊吗？当然，我们中国的球迷一定是很骄傲的。

### ☆破解招式☆

抢夺这种球的确没有很好的方法，只有全队努力协作才行，注意协防和阻截姚明的传球路线是唯一能抵制他的方式了。

# Allen Iverson
# 三、阿伦·艾弗森

## ◎ 个人资料

**全名：** 阿伦·埃泽尔·艾弗森

**昵称：** AI、答案

**国籍：** 美国

**出生地：** 弗吉尼亚州汉普顿

**生日：** 1975 年 6 月 7 日

**身高：** 183 厘米

**选秀：** 1996 年第一轮第 1 顺位加盟 76 人队

**位置：** 后卫

**球衣号码：** 3 号（76 人、掘金、灰熊）、
　　　　　　 1 号（活塞）

2013 年 10 月 30 日，阿伦·艾弗森正式
宣布退役

## ◎ 主要荣誉

★ 1996 年 NBA 选秀首轮第一顺位
　 被 76 人队选中为状元

★ 2 次 NBA 全明星 MVP

★ 1 次 NBA 常规赛 MVP

★ 10 次入选 NBA 全明星赛

★ 3 次入选 NBA 赛季第一阵容

★ 4 次 NBA 常规赛得分王

★ 3 次 NBA 常规赛抢断王

★ 1 次 NBA 年度最佳新秀

★ 1 次奥运会男篮季军

## ◎ 撒手锏

突破、急停跳投、传球、上篮得分

## ◎ 技术分析

　　艾弗森身高只有 1.83 米，与普遍身高在两米左右的 NBA 球员相比，他永远都是赛场上的"小精灵"。在通常情况下，防守球员若在他启动的第一步跟不上他的脚步，那么突破将成必然。艾弗森曾经是联盟公认的突破最快的球员之一，闪电般的速度，如穿花蝴蝶般的带球动作以及任何时候都处于机动状态的"刹车"，让他在"长人森林"中纵横驰骋。

　　下面就让我们来学习一下艾弗森的三记必杀技。

## 运球急停跳投

如果说乔丹的急停跳投是力量、技术的完美结合，那么艾弗森的急停跳投就更会让你眼花缭乱，甚至意想不到。接球后艾弗森喜欢在对手面前耍弄自己运球的本领，在一串令人目不暇接的胯下、背后运球并伴随着一个似直非直的身体晃动后，对手将被艾弗森带入他的节奏，然后他假装内切，对手必然顺势收缩防守，但艾弗森会再来一个变向，当对手勉强转过身时，艾弗森急停跳投，对手已无力回天。这绝对是完美、精彩的个人表演。

### ☆秘籍要领☆

①顺势接球，选择进攻。
②正面低运球，吸引对手注意。
③晃一侧切另一侧，提前上步。
④假装迅速切入，直取腹地。
⑤突然收脚停步，准备投篮。
⑥空中投篮。

## 切入抛射

喜欢看空中飞翔着的"飞人"，更爱看空中飞动中的篮球。艾弗森时常以自己超快的速度直接切入内线，面前将是一名高大球员的阻拦——两个人的对决。面对任何一个高个子，他都会毫不犹豫往右边侧身，在大个子醒悟之前，在跑动中让球划出高高的弧线，避开巨人空中拦截的手掌，轻松地完成投篮，甚至有时能再走上罚球线。

### ☆秘籍要领☆

①随意运球，选择自己熟悉的进攻方向。
②突然放低重心，突破第一层防线。
③突破后控制好节奏，从容面对前来协防的大个子。
④横向运球先占据速度的优势，外加急停跳投，准备投篮。
⑤尤其关键的是，投篮的手均向防守异侧倾斜，轻轻将球抛起，要有够高的弧线，最好选择打擦板球。

## 闲庭信步之跳投

这是一种能够从外线转到内线的进攻技术，是由三步上篮和跳投结合演变而成的。NBA中跑投高手比比皆是，而艾弗森依然是当仁不让的代表人物。看艾弗森闲庭信步似的运球，实则正在调整跳投的距离，他往往会在你不经意之间起步，然后依靠前两步的冲劲、自己的爆发力、弹跳和滞空能力在一瞬间甩开对手，并且快起快落。说到底，这种进攻手段的最大优点就是十分隐蔽，不易被对手发觉。

## ☆秘籍要领☆

　　学习跳投这门算得上是"暗器"的篮球技术，要领和抛投的要领相似，当然也有区别，即关键步骤不同。跳投更注重弹跳和滞空能力，即要善于在空间调整自己的出手方向和力度，多加练习则是提高命中率的唯一手段了。

## 绝妙抢断

　　本招的关键在于掌握最佳时机：当进攻者运球的手指刚离开球时，即是出招突袭最好的时机。

## ☆秘籍要领☆

①防守者重心压低，犹如一条沙沙作响的响尾蛇，仰头盯着对方的眼睛看，重心大部分放在右脚上。

②当进攻者右手向地面运球，手指正离球时，防守者以右脚为轴，左脚迅速向球的方向大步跨出。

③进攻者却也相当敏捷，一看防守者"怪爪"突袭，立刻把球运开，让他的突袭落空。但注意此时防守者双脚张开的角度，是正面对着进攻者，仿佛一张大网先罩向对方，再伸手抄球。如此即使抄球不成，也仍然把对手"网"在你的防守范围内。

④这就是艾弗森教你这招攻守兼备抄球法的奥妙之处。一般习惯用右手的人，抄球时往往也会用右手去抄，但 AI 却是往往用左手抄球，好处有三：

A. 离球比较近。

B. 保持身体正对进攻者。

C. 即使抄球不成，也不会因此露出半点破绽；而右手抄球，却是背向对方，危险程度可想而知。

# Yi Jianlian
## 四、易建联

## ◎ 个人资料

**全名:** 易建联

**绰号:** "阿联" "太空易"

**国籍:** 中国

**出生地:** 中国广东省鹤山市

**生日:** 1987 年 10 月 27 日

**身高:** 213 厘米

**选秀:** 2007 年首轮第六位被密尔沃基雄鹿队选中

**现效力球队:** CBA 广东东莞银行队

**位置:** 大前锋

**球衣号码:** 9 号 (CBA 东莞银行队、雄鹿队)、11 号 (国家队)、31 号 (奇才队)

## ◎ 主要荣誉

★ 5 次 CBA 总冠军

★ 3 次 CBA 总决赛 MVP

★ 4 次 CBA 常规赛 MVP

★ 2 次 CBA 全明星赛 MVP

★ CBA 联赛总得分第一

★ NBA12 月份东部最佳新秀

★ 2 次亚洲杯冠军

★ 2008 年北京奥运会第八名

## ◎ 撒手锏

　　易建联到了 NBA 之后，进攻技术上有了长足进步，最显著的两点就是三分球能力和低位强打之后的背转身后仰跳投，结合易建联的身高和臂展，让人难以防守。

## ◎ 技术分析

　　具有身高优势的易建联，不但可以在篮下利用脚步强攻，更擅长面向篮筐实施攻击，而且还有一手精准的三分投篮技术。对于这种身高的球员，既有篮下背打，又有中远投，能里能外，这是防守方最不愿意碰到的对手。

# Kobe Bryant
# 五、科比·布莱恩特

## ◎ 个人资料

**全名：** 科比·布莱恩特

**昵称：** "小飞侠""81分先生"（2006年1月23日对阵猛龙队比赛时个人得81分）

**国籍：** 美国

**出生地：** 宾夕法尼亚州费城

**生日：** 1978年8月23日

2020年1月27日凌晨，因直升机事故，巨星陨落。

**身高：** 198厘米

**选秀：** 1996年选秀第一轮13顺位被夏洛特黄蜂队选中，同年7月11日被交换到湖人队。2016年退役

**位置：** 得分后卫

**球衣号码：** 8号（NBA1996年—2006年）、24号（NBA2006年—2016年）

## ◎ 主要荣誉

★ 21世纪头10年最佳NBA球员

★ 5次NBA总冠军

★ 2次NBA总决赛MVP

★ 1次NBA常规赛MVP

★ 4次NBA全明星赛MVP

★ 2次奥运会冠军

★ 2次NBA得分王

★ 7次NBA西部冠军

★ 1次NBA扣篮王

★ 15次NBA全明星

★ 11次NBA最佳阵容第一队

★ 9次NBA最佳防守第一队

★ 4次NBA常规赛季得分总数第一

## 单打转身后的左手小勾手

在 2005 年赛季中，科比的左手小勾手得到了前所未有的施展。在单打时转身，利用挤开对手的瞬间来一记左手小勾手。不但出其不意，而且快速、稳定，是一种理想的进攻手段。

### ☆秘籍要领☆

①多练习左手投篮，使左手的篮球技术能和右手一样熟练（"左撇子"则相反）。
②先用身体靠住对手，转身时用胳膊挤开对手，留出空当用左手勾手投篮。

## 面对双人包夹空中躲闪

科比的弹跳能力并非 NBA 球员中最佳的，可他却经常给球迷他能抵制地心引力的感受。原因在于科比在空中惊世骇俗的调整能力。他可以"气势汹汹"地从球场一侧直奔篮下，吸引一名甚至多名防守球员，然后突然空中拉伸向篮筐另一侧投篮。

### ☆秘籍要领☆

①突破后预先判断对手的防守方向。
②奋力起跳，假装向某一个方向进攻，吸引对手起跳。
③用身体靠住对手，空中闪躲变向或空中换手投篮。

## 借力打力

科比爱享受激烈的肉体搏杀,往往一头扎进篮下,置自己于对手环绕之中,然后依靠自己的身体素质强起、护球、滞空、投篮,往往造成"2 + 1"的结果,而他在身体晃动时依然能保持投篮的稳定性更让人惊叹。

### ☆秘籍要领☆

①要有信心面对多人的包夹防守,冲入篮下时更要有气势,即一种"舍我其谁"的霸气。
②尽量用脚步和虚晃吸引对手起跳,然后选择抵挡的方式和对手发生身体接触,造成对手犯规。
③在引起对手犯规时尽量先护住球,保持住平衡再出手。

## 晃右切左,擎天摇摆

放眼 NBA,无人能把"晃右切左"的招式使得如科比的"擎天摇摆"那般眩目,加上他独树一帜地拉球在上,俨然是一块鲜明的活招牌,因此本招又名"布氏摇摆"。

### ☆秘籍要领☆

①运球靠近防守者时,以左脚之力,迈右脚向右——标准的"晃右切左"招式。这时要同时运球向右,但科比却以把球拉到最高处的动作代替,并且眼睛盯着对方的脚步移动,寻找该切或临时变招的时机。
②左肩、左臂和头部皆尽情地如跳迪斯科般往右一晃,但球仍高高运在头上。然后突然身体往右沉,重心全部晃到左边,但右手已置于球的右侧,以利换向左切。
③左脚先往左踩,并运球。用右转的腰力反转回去,这是本招之所以换向左切的力度如此强劲的原因。
④跟着跨过对手防线,并换手运球到左手。以身体占据出手角度,然后出手狠狠地扣一下。

## ◎ 撒手锏

中远距离跳投、后仰跳投、飞身扣篮

## ◎ 技术分析

科比纵横球场的技巧花样名目众多，他具有杰出的应变能力和创造能力。科比卓尔不群的篮球技巧来源于很多方面，不管怎样他总给人一种力量和技术完美结合的感觉，让人赏心悦目。科比的必杀技可分为六类：

### 外围带球摆脱后的中距离投篮

投篮并不难，但在外线与对手不停纠缠的同时，仍能利用狭小的空间和短暂的时间来精确投篮并不是每一名球员都能做到的，甚至很多人都不敢这么打球。而科比有这个胆量，且有一定的命中率。对手倾尽全力施加给他的压力往往在他酣畅淋漓的运球节奏中消散于无形。

### ☆秘籍要领☆

①多练习运球的节奏感。运球时要放松，却又要时时警惕身边人的一举一动，看似漫不经心，实则酝酿火候，蓄势待发。
②持续不断地来回运球，耐心寻找对手松懈时的缺漏，随时做好出手准备，出手时果断，但绝不盲目。

### 中远距离 45° 擦板

经常看到科比持球面对对手，迫于他瞬间突破的压力，对手不敢靠得太近，但科比往往突然原地投篮，球抛得很高，却总能准确地撞击篮板再反弹进篮筐。这样神奇的擦板能力也只有邓肯能与之媲美，但科比的投篮距离比邓肯远得多。

### ☆秘籍要领☆

①选择你最熟悉的投篮点接球，并顺势侧过身子，紧靠防守球员。
②把握好恰当时机持球转身，与对手对峙，并降低重心，迫使对手也降低重心。
③以一只脚为轴心，用另一只脚带动身子和球虚晃，迷惑对手。

# 附录：风云赛事 Appendix:
## The Major Basketball Leagues

篮球赛事以娱乐、时尚而著称，是一项充满朝气的体育运动。激情、对抗、充满悬念使其成为年轻人的最爱。球星夸张的装扮、个性十足的篮球动作都是年轻人竞相模仿的对象。世界最著名的有三大篮球赛事，分别是 NBA、奥运会篮球比赛和世界篮球锦标赛。

## 最著名的超级联赛——NBA

NBA 是篮球史上所有最伟大球员的大家庭。从 NBA 第一位巨星乔治·迈肯，到波士顿凯尔特人王朝，再到 20 世纪 80 年代的"大鸟"拉里·伯德、"魔术师"约翰逊、伊赛亚·托马斯和迈克尔·乔丹，NBA 职业篮球赛不只是一项国际表演赛，更是最为热门的观赏运动之一。NBA 现有球队 30 支，分东西两部，其中东部 15 支，西部 15 支。每支球队的队名除了标示着球队的所在地（如芝加哥公牛队的大本营就在芝加哥）外，还有各自非常有意思的昵称。

## 奥运会篮球比赛

男女篮球分别于 1936 年和 1976 年被列为奥运会比赛项目。奥运会的篮球比赛由 4 节组成，每节 10 分钟。如果打平，则进行 5 分钟的加时赛。奥运会篮球比赛的 3 分线距离篮筐垂直距离为 6.75 米。

20 世纪 80 年代中期以来，随着世界篮球职业队伍参加奥运会，推动世界篮球运动跨入了一个崭新的创新发展，达到技艺化的新阶段。1992 年巴塞罗那第 25 届奥运会篮球赛中美国"梦之队"的绝妙表现，显示着篮球运动整体内容结构和优秀运动队伍综合智能、技能、能力结构发生了质的变化。

由于奥运会篮球比赛的举行，让世界各国的篮球高手聚集一堂，相互交流、相互切磋，篮球运动的整体水平才得以不断提高。

## 世界篮球锦标赛

世界篮球锦标赛是由国际业余篮球联合会主办的国际篮球比赛，一般每 4 年一届，男、女分开举行。男子篮球锦标赛 1950 年举行第一届，至 2010 年举行了 16 届。女子篮球锦标赛 1953 年举行第一届，至 2010 年共举行 16 届。2012 年 1 月 28 日，国际篮联宣布，每 4 年举行的篮球世界男（女）篮球锦标赛更名为篮球世界杯。2014 年西班牙篮球世界杯是"世界男（女）篮球锦标赛"更名为"篮球世界杯"后的第一届。2019 年 8 月 31 日至 9 月 15 日，第 18 届篮球世界杯在中国举办。

图书在版编目（CIP）数据

篮球入门与实战技巧/中映良品编著. ——成都：
成都时代出版社，2020.4（2021.10重印）
ISBN 978-7-5464-2543-6

Ⅰ.①篮… Ⅱ.①中… Ⅲ.①篮球运动—基本知识
Ⅳ.①G841

中国版本图书馆CIP数据核字（2020）第025452号

# 篮球入门与实战技巧
LANQIU RUMEN YU SHIZHAN JIQIAO
◎ 中映良品 编著

| | | |
|---|---|---|
| 出 品 人 | 达 海 | |
| 责 任 编 辑 | 李卫平 | |
| 责 任 校 对 | 张 巧 | |
| 装 帧 设 计 | ◎中映良品　成都九天众和 | |
| 责 任 印 制 | 张 露 | |

| | |
|---|---|
| 出 版 发 行 | 成都时代出版社 |
| 电　　　话 | （028）86621237（编辑部） |
| | （028）86615250（发行部） |
| 网　　　址 | www.chengdusd.com |
| 印　　　刷 | 四川华龙印务有限公司 |
| 规　　　格 | 787mm×1092mm　　1/16 |
| 印　　　张 | 10 |
| 字　　　数 | 220千 |
| 版　　　次 | 2020年4月第1版 |
| 印　　　次 | 2021年10月第3次印刷 |
| 书　　　号 | ISBN 978-7-5464-2543-6 |
| 定　　　价 | 48.00元 |